TRAIN 2055

ALICE CAYE

Illustré par Gwen Keraval

Dans la même collection :

- *Surprise Party,* d'Alice Caye
- *Double Duel,* de Nancy Boulicault
- *Secret Divorce,* de Sophie Michard

L'Éditeur tient à remercier particulièrement :
 – Madame Michèle Courtillot, professeure agrégée, chargée
 de mission auprès du recteur de l'Académie de Paris ;
 – Madame Sabine Delfourd, professeure des écoles à l'École
 active bilingue Monceau, Paris ;
 – Madame Martina Mc Donnell, enseignante-chercheuse
 au département de Langues et Sciences humaines de l'Institut
 national des Télécommunications (INT), Évry ;
pour leurs précieux conseils.

Avec la participation de Regan Kramer.

Création graphique et mise en page : Zoé Production.

Chapitre 1
Gare du Nord, Paris

– Il paraît qu'au milieu du tunnel, on a les oreilles complètement bouchées, qu'on a l'impression d'être dans du coton et même que certaines personnes tombent dans les pommes…

– Waouh ! Ça doit vraiment être quelque chose !

– Oui, il y a eu des tas d'articles sur les problèmes de décompression* quand ils ont creusé le tunnel. Enfin, moi, je n'arrive toujours pas à comprendre comment ils ont pu creuser sous la mer sans que leur tunnel prenne l'eau. Et maintenant qu'il est construit, comment la pression ne l'écrase pas.

– Mais c'est calculé tout ça, voyons.

– Vous avez pensé à ce qui se passerait si l'électricité était coupée par exemple ?

– Moi, je préfère ne pas y penser. Brrr…

– Mais non, vous êtes bêtes ! Tout est prévu. Il y a même un deuxième tunnel d'évacuation* creusé en parallèle en cas de problème.

– Mmouais… Ça prouve bien qu'il peut y en avoir, des problèmes !

Assis en tailleur ou allongés dos sur leurs sacs, le

groupe des garçons forme un obstacle infranchissable au milieu de la salle d'attente de l'Eurostar, au premier étage de la gare du Nord.

– Heu, les garçons, ça ne vous ennuierait pas de parler d'autre chose ? Nous partons en vacances, pas à l'aventure. Et avant de traverser la Manche dans ce satané tunnel, j'aimerais bien entendre des histoires plus gaies !

– Tu as peur, Mélanie ? souffle Annabelle à son amie, affalée comme elle sur un siège métallique, brillant et dur.

– Beuhh… non, pas vraiment, mais ils m'agacent avec leurs histoires de sécurité. Après tout, on ne sait jamais, et quand nous serons au milieu, sous l'eau et bien coincés, j'aimerais mieux ne pas avoir de mauvaises pensées.

– Mais bien sûr qu'elle a la frousse, n'est-ce pas Mélanie ? Avoue-le ! Elle a toujours eu peur de l'eau et des tunnels, depuis toute petite. Alors vous imaginez, le tunnel sous la Manche, c'est la totale !

– Laisse-la, Timothée. Tu ne vas pas commencer à embêter ta sœur. Moi non plus je ne serais pas fière s'il arrivait quelque chose là-dessous, interrompt Julie.

– Bon, bon. Moi, ce que j'en dis, c'est qu'il vaut mieux être informé, et je trouve ça très bien de savoir qu'il y a un tunnel parallèle pour l'évacuation.

– Moi, mon principal souci, ce serait plutôt quand on sera de l'autre côté. Toute la journée à parler anglais, je ne sais pas comment je vais faire !

– Annabelle a raison, comment ferons-nous si la famille dans laquelle nous sommes ne comprend pas ce qu'on dit ? Tu t'imagines ? Encore, pour manger et tout ça, ce n'est pas grave, mais si on doit prendre le bus ou téléphoner, il faut au moins comprendre les explications !

– Enfin, Timothée, vous avez quand même un certain niveau en anglais, vous pouvez très bien vous débrouiller, voyons.

– Vous êtes gentille, Miss Pamela, mais en classe avec vous, ça va. Quand je serai tout seul face à Mr et Mrs Watts et qu'il faudra participer à la conversation familiale, ce sera différent ! « Would you like achmeuldibeul, Timothée ? » « Err… no thank you » et je verrai le dessert me passer sous le nez parce que « achmeuldibeul » ça veut dire « tarte aux pommes », mais je ne le savais pas ! Zut, alors !

– Mais non, tu n'auras qu'à leur demander de répéter.

– Ouais, on dit ça, mais quand tu as demandé dix fois « Could you repeat, please ? » et dix fois « Could you speak slowly, please ? », je suis sûr que tu finis par faire semblant de comprendre !

– Tu verras, Tim, au bout d'une semaine de dîners familiaux, tu diras toujours « No thank you » de toute façon : c'est plus prudent !

– Julie ! Je vous ai pourtant bien dit qu'il y avait des tas de choses délicieuses en Angleterre, bien plus que les Français ne l'imaginent.

– Pardon, Miss Pamela, vous avez sûrement raison… Mais tout de même, l'année dernière quand j'étais à Ealing dans une famille, c'était pas terrible. Surtout les *baked beans* à la sauce tomate sucrée le matin !

Un chœur de « Beurk ! » accueille le souvenir de Julie.

« Mesdames et Messieurs, votre attention s'il vous plaît. L'enregistrement de l'Eurostar numéro 2055, départ quinze heures dix-neuf à destination d'Ashford

International et Londres-Waterloo est ouver[...]
numéro 4. Nous vous souhaitons un agréable voya[...]
Ladies and gentlemen, your attention please. Eurostar
number 2055 departing at nineteen past three to
Ashford International and London-Waterloo is now
boarding from platform number 4. We wish you a plea-
sant journey. »

– Super ! On y va ! explose Martin. Arrive, Tim, je
veux être dans les premiers. On va pas rester scotchés
avec les autres toutes les vacances !

Les deux garçons se faufilent entre les sacs à dos
éparpillés sur le sol, au milieu du remue-ménage provo-
qué par l'annonce du départ. Annabelle les suit des
yeux. « Ils feraient mieux de rester en groupe, au moins
pour le départ, pense-t-elle. Il faut toujours qu'ils
fassent bande à part ces deux-là. » Elle est un peu dépi-
tée de rester dans la cohue des filles. Mais c'est tout de
même une bonne chose que les classes aient pu être
mélangées pour le voyage à Londres cette année.
L'année dernière, Timothée était parti avec sa classe et
elle avec la sienne. Là, au moins, même s'ils ne sont pas
dans la même famille, ils auront des sorties en commun.

– Annabelle, tu viens ou tu prends le suivant ? lui
crie Mélanie.

Annabelle tire d'un geste machinal sur les élastiques
de ses couettes, ramasse son sac et suit le troupeau
conduit par Mademoiselle Pamela Dean, leur professeure d'anglais, vers le guichet des formalités de police.
Les autres voyageurs se retournent avec un mélange
d'agacement et de condescendance, en se demandant
avec inquiétude s'ils vont se trouver dans le même
compartiment que ce groupe de jeunes. Et Mélanie qui
la fait remarquer… Si elle n'était pas la sœur de

ongtemps que Mélanie ne serait plus

.e, dépêchez-vous, nous devons tous ,roupés, renchérit Mademoiselle Dean. ιutres ? Ah, tu es là, Naomie. Et Timothée et Μι... quelqu'un les a vu passer ? Ils sont déjà en train de faire contrôler leurs bagages ?

« Miss Dean, please contact a police officer at the immigration desk immediately. Miss Dean, please. »

– Allons bon, ça commence bien, soupire Pamela Dean. Restez là pendant que je vais voir ce qui se passe.

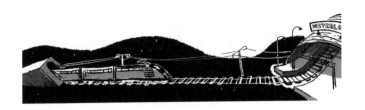

Chapter 2

A Big Fuss

"What time do the French kids arrive, Mrs Clark?"

"Their Eurostar is due at four fifty-four. But I told you, only pupils with written authorisation from their parents may come to Waterloo. Do you have yours, Yasmina?"

"Yes, yes, Mrs Clark. It's in my bag upstairs."

"Alright, I'll check them when we're back in the classroom."

"Do we have to wear our uniform to the station?"

"It's entirely up to you, David, but did you bring a change of clothes this morning or are you planning to rush home to change and come back to the school? The bus to Waterloo leaves at a quater to four."

David shrugs and turns to his friend Joshua.

"What are you going to do? The Frenchies will laugh at us. They don't wear uniform in French schools, Timothée wrote to me."

"Lucky them...", sighs Joshua.

"I think I'll wear mine. They're going to see us with them at school tomorrow anyway."

"That's true."

"Hey! Why worry about the Froggies' opinion? My brother told me they used to wash once a week and have just one tooth brush for the whole family. They don't have anything to be proud of!"

"You must be kidding, Mary! One toothbrush for the entire fam…"

"Oh, Matilda, don't say that, you know it's only prejudice*. You're going to be spending a fortnight with these French pupils, you've been writing to them for several months now, you know the ones who came last year, I expected you to be more open-minded*."

"Mrs Clark, I was just kidding!"

"I hope so, Matilda."

Matilda remembers the last letter she received from Annabelle. The French girl sent pictures of her house, the garden where she plays with her dog Glouton, her bedroom (her OWN bedroom!), the huge sunny kitchen where Mrs Valentin, her mother, cooks French cuisine and her husband, Doctor Valentin, helps the three children, Annabelle, Julie and Paul, with their homework… It's true, she can't imagine the five of them sharing one toothbrush. Matilda is a bit worried when she thinks about her own house. It's much smaller and more old-fashioned than Annabelle's. Annabelle's sister, Julie, will stay at Mary's. If they go to France next year, Matilda is convinced that the Valentins will host* not just her but her sister Paula if she comes too. How embarrassing not to be able to host both sisters!

"Matilda! What are you doing? We're off!"

Joshua is waving to his friend from the first floor. Matilda can see his ankles sticking out from his ever-too-short trousers. Mum says he's growing too quickly.

Quicker than his trousers, that's for sure! He's a nice guy. She likes him in a way, but not at all as he would like her to like him. What a bore! Not only is he too skinny, but he's got red hair and freckles, which she hates, both on her own face and even more on a boy's. One day, Joshua was brave enough to say that they were made for each other since they both had freckles! How could he be so arrogant?! How dare he?!

"Coming, coming", she grumbles.

When she arrives in the classroom, there is a gathering around Yasmina. The girl is in tears on the floor, surrounded by notebooks, pens and sheets of paper.

"I had it, Mrs Clark, I swear, I did. My grandmother signed it last night", Yasmina sobs.

"Calm down. There's no need to make such a fuss*, Yasmina."

"I knew you wouldn't believe I had it. It's always the same story. Nobody ever trusts me." Her voice

starts to rise as she's balling her handkerchief in her hands and bang her foot on the floor rhythmically.

"I believe you. That's not the point. I just can't take you to the station without a written authorisation from your family. It's a legal question."

"I knew you'd find a way not to take me. By the way, do the rest of them have their authorisations? Have you checked? Or does that rule apply to Yasmina Radhi only?"

Now that she has stopped crying, she is screaming, and seems close to a nervous breakdown. She stands up and faces the group gathered around the teacher.

"Yas, Mrs Clark wanted to see mine too."

"And mine."

"Mine too. Dont take it personally."

Out of the blue, Yasmina grabs her bag off the floor, stuffs her belongings back into it and heads to the door, bumping into Mary who gets slammed into the blackboard with an "Ouch!". At the door, Yasmina turns to Mrs Clark and shouts:

"You won't get away with this, Mrs Clark. I swear. I'll sue you for racial prejudice. I'll have you fired, you hear that? I won't let you get away with this!"

She slams the door on her way out.

Silence follows her departure. Mary is weeping silently, massaging her bruised elbow. "Bon débarras!" whispers David, who learnt his favourite French expressions from his pen-pal* Timothée and pronounces them with his own cockney accent.

"Now, where were we? Yes, those who have not yet done so, please hand me your authorisations. Matilda, Joshua, have you got yours? Alright. Oliver? No? You know that you won't be allowed to come, don't you?"

"Yes, I know. I don't mind."

"Good. Who is your French pen-pal? Ah, Martin Deloncle. Alright, I'll explain him that he'll meet you at your place. Is he the same one your family hosted last year, Oliver?"

"Yes, that's him."

"Ah… I see, good, good." Mrs Clark sniffs and shakes her head slowly. Then she goes on: "Now, I want you to listen carefully. When we get to the station, we stay together. When the French pupils arrive, don't rush at them, not even the ones you know from last year. You wait for me and Miss Dean, their English teacher, to call their names and yours. Then each pair may meet and go back to the bus quietly. Got it? No rushing, no hectic greetings, no screaming. Don't forget that you're in a public place, and you represent your country. Behave yourselves."

"Humph! When you see the Frenchies, you'll realise that that little speech is a bit outdated, trust me", whispers Oliver to David.

"What do you mean?"

"You'll see. All I can say is that Martin wrote that he had absolutely no intention of spending his time drinking tea and eating biscuits with my Auntie Margaret like we did last year. He said he was a grown-up now, and he had plans to visit England. If you want to join us, David, just let me know. By the way, that's why I'd rather not to go to Waterloo: I wouldn't feel right."

Chapitre 3

Un varan passe aux rayons X

— Écoutez, Mademoiselle, je veux bien croire que
ce jeune homme fasse partie de votre groupe, je veux
bien ne pas dresser de procès-verbal*, mais je ne peux
pas laisser ce... cet... cet animal entrer sur le territoire britannique. Vous connaissez les règles : le
transport d'animaux domestiques est interdit à bord
d'Eurostar, à l'exception des chiens guides d'aveugles.
Je ne crois pas que ce... « reptile » tombe dans cette
catégorie.

Miss Dean soupire pour la dixième fois. Elle jette
un coup d'œil sur le groupe agglutiné derrière eux.
« Ils sont tellement intrigués par ce qui se passe qu'ils
restent groupés pour une fois. C'est toujours ça »,
pense-t-elle.

— Martin, mais qu'est-ce qui vous a pris d'emmener
cette pauvre bête ? Vous n'avez donc rien dans la tête ?
Qu'est-ce qu'on va faire maintenant ?

— Le mieux que je puisse vous proposer, c'est
d'appeler vos parents et de garder votre animal dans
mon tiroir en attendant qu'ils viennent le chercher.

— Pas question ! Je ne laisserai pas Godzilla dans un

tiroir. Il va étouffer ! Le pauvre ! Et il va paniquer ! Pas question !

– Martin, c'est ça ou tu pars pas.

– Oh, ça va, Timothée, merci pour ton soutien. C'est tout ce que tu as à suggérer ? Je croyais qu'on était d'accord, ajoute Martin en aparté.

– Timothée, rejoignez les autres là-bas, c'est une affaire qui concerne Martin Deloncle et lui seul. Allez dire aux autres de ne pas bouger, que nous allons résoudre ce problème et embarquer bientôt. Que personne ne s'éloigne, surtout.

– J'y vais, Miss.

Timothée remonte la file, non sans jeter un regard noir à Martin. Ça commence mal : au premier obstacle,

la solidarité entre les deux complices* est déjà entamée. Timothée lui avait bien dit d'être discret pour le passage des bagages aux rayons X. Il a fallu que Martin fasse le malin, passe avant le groupe, et voilà, ça n'a pas loupé, ils se sont fait remarquer avant même que le voyage commence. Timothée admire Martin pour son audace et son imagination. C'est lui qui a eu l'idée d'acheter ce varan, quai de la Mégisserie, avant le départ. Il pensait que ce serait radical pour éloigner les hooligans et pour faire frissonner les Anglaises. Sûrement vrai, à la condition de passer la police. Et il se fait pincer bêtement avant même le départ… Sans compter que maintenant, même si Martin passe, Miss Dean va les avoir à l'œil*. Timothée soupire et se prépare à affronter les questions des autres.

– Bon, maintenant Martin, vous avez le choix : soit vous laissez votre animal ici, soit vous rentrez chez vous et vous expliquez à vos parents que vous avez caché un reptile dans votre sac dans le but de l'importer illégalement en Angleterre pour en faire… je ne sais quoi. Qu'est-ce que vous choisissez ? Je serais vous, je téléphonerais tout de suite.

– Mais… il va mourir. C'est un animal fragile, rare, exotique. Si on ne lui donne pas assez à boire par exemple, il peut se dessécher, perdre ses écailles et, dans ce cas, il devient la proie de n'importe quel courant d'air et peut crever en quelques heures et il m'a coûté très cher et…

– Martin, choisissez. Et vite, nous devons embarquer maintenant.

– Allons, jeune homme, on y fera attention à votre bestiole. J'en ai vu d'autres, vous savez. Ce n'est pas la première fois que je recueille les animaux que des voyageurs croyaient pouvoir emmener en Angleterre

avec eux. Vous n'imaginez pas ce que les gens peuvent élever comme horreurs… humm… comme animaux étranges, je veux dire.

– D'accord, je vais téléphoner à mes parents. Mais laissez-moi Godzilla, ils ne devraient pas tarder à passer le prendre, j'ai le temps.

– Bon… si vous pensez que vous avez le temps avant le départ du train, c'est vous qui voyez. Ça vous va, Mademoiselle ?

– Vous êtes sûr que vos parents seront là à temps, Martin ? Le train part dans une demi-heure maintenant.

– Oui, oui, ma mère travaille dans le quartier.

– Dans ce cas, entendu. J'avance avec le groupe, vous nous rejoindrez. Appelez votre mère tout de suite. Je peux vous faire confiance, cette fois ?

– Pas de problème. Heu… peut-être que Timothée pourrait rester avec moi ? Il gardera un œil sur Godzilla pendant que j'appelle. C'est plus sûr.

– Bon. Si Timothée est d'accord, allez-y. Et faites vite.

Martin fourre en hâte Godzilla dans son sac, tire la fermeture éclair et tourne les talons, son portable à l'oreille.

« Dernier appel pour les passagers de l'Eurostar numéro 2055 de quinze heures dix-neuf à destination de Ashford International et Londres. Veuillez effectuer les formalités de police immédiatement, s'il vous plaît. Last call for passengers on Eurostar number 2055 departing at nineteen past three to Ashford International and London, please proceed to the police checkpoint immediately. »

Le groupe de collégiens s'ébranle, leurs sacs s'entassent sur le tapis du scanneur*. Quelques-uns se retournent vers Martin et Timothée en grande discussion dans l'allée menant au contrôle des bagages. Mais ils sont bientôt oubliés, le contrôle des bagages et l'excitation du départ accaparant l'attention de tous.

Personne ne remarque que les deux garçons disparaissent aux toilettes. Là, Martin ouvre son sac en cuir marron, en tire le varan affolé, toutes griffes dehors et soufflant de sa petite gueule sèche.

– Martin… Il va se douter de quelque chose. Si je me fais pincer à mon tour, il sera moins sympa…

– Mais non. Tu vas passer sans contrôle. Ton sac a déjà été scanné. Nous arrivons à la dernière minute, je montre mon sac ostensiblement vide au contrôleur de tout à l'heure avec un grand sourire, du genre « Voyez, tout est arrangé. J'ai fait comme on a dit. Plus de varan : il est chez ma mère. » Et hop ! c'est dans la poche. Ni vu ni connu j't'embrouille.

– Bon. Alors, je sors d'abord. J'attends que le groupe soit passé. Inutile de se faire remarquer plus. Toi, tu restes près de la sortie, tu fais semblant de chercher ta mère des yeux.

– OK. Ensuite, nous passons bien à deux postes différents : moi à celui du flic de tout à l'heure, plutôt cool, non ? Il aurait pu nous le confisquer direct notre pauvre Godzi. Toi, à un autre, en faisant bien remarquer que c'est arrangé avec son collègue, que tu es déjà passé. C'est bon ?

– Ouais.

– Alors, j'y vais. Sois sage dans le sac de Timothée, Godzilla. En route to London city, Brighton, la teuf et les p'tites Anglaises !

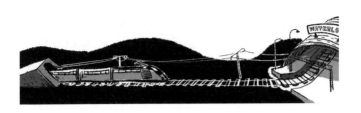

Chapter 4

Malicious Gossip

"Did you see Mrs Clark's face when Yasmina threatened to sue* her for racial prejudice? She turned green!"

"Come on, Mary, anybody would have been upset in her place."

"Yes, but SHE looked wrecked!"

"Do you mean she's worried because of that old scandal you told me about, Mary?"

"I don't know, Matilda, I don't know. But I think she kind of overreacted. Don't you agree?"

"Mmmm… Yeah… maybe…"

"What's all this about, girls? What happened?"

"Haven't you heard, Oliver? Oh, no, that's right, you weren't here when Mrs Clark joined the school. Mrs Clark was involved in a nasty story a few years ago. There was a trial*, some articles in the newspapers, that kind of stuff. But nothing could be proven against her and she was released. At the time, my sister was at Saint Joseph's, where it happened. That's how I know all about it."

Matilda is only too happy to provide Oliver with the information. She rarely has a chance to catch his attention. He spends his time in his books and makes a point of staying ahead of the others in both Maths and English. Matilda can't compete with him in anything but French, but Oliver doesn't seem to take French very seriously so he doesn't seem to mind that she's better than him at it.

"So what? Was that trial for racial prejudice too? Mary? You seem to be very well informed… Do you know what happened back then?"

"I don't know exactly. But I suppose that once you have been sued for anything, you don't want to get involved in any more trouble. Unless you really are inclined to misbehave…"

"What are you suggesting? She wasn't convicted*. She should be considered innocent until proven guilty*."

"Hmmm… You have to admit she doesn't like Yasmina very much…"

"So?"

"It may well be because of her Indian origins or because she's a Muslim, don't you think?"

"Mary! How can you say that? Mrs Clark has never shown any signs of being racist!"

"Are you so sure? If you were Black or Indian, you might think differently, Joshua."

"Yes, but everybody knows Yasmina is a bit odd. Everybody."

"Out of the mouths of babes…"

Joshua shruggs:

"Stop speaking in clichés, Oliver."

"It's in the Bible, my dear Joshua. You're free to call it cliché, but it has its references."

Poor Joshua, Matilda thinks, with his pale skin, he

blushes so easily… She could imagine Oliver on TV in a few years, debating with politicians, his brown fringe combed backwards, facing millions of people without a blink. He would never blush…

"I think we should find out more about this business. We shouldn't have to put up with a black sheep in our school… Sorry, Joshua, another biblical reference, if you don't mind…"

"Yes, Oliver is absolutely right: we have to learn more about this Clark case!"

"Right! We must find out more!"

"Mary! Why don't you ask your big sister if she remembers anything from when she was at Saint Joseph?"

The group is getting really excited now, they're all talking at once.

"Come on, Matilda, let's go. This conversation stinks!"

Joshua is pulling her sleeves and, for once, Matilda agrees to follow him, leaving Mary surrounded by curious pupils. She glances at Oliver: he is standing apart, pretending not to be part of the discussion, but anyone can see that he isn't missing a word of Mary's gossip*.

"Look at them, Matilda: attracted like vultures by the rumour of scandal. It's disgusting", mutters Joshua as they walk away.

"Yes, but if there's already been a scandal, maybe there's a reason to be suspicious, and Mary might be right, don't you think, Josh?"

Joshua reddens with pleasure: this is the first time that Matilda has ever called him "Josh".

"Nothing was ever proven. If she wasn't found

guilty, then who are we to judge her on rumours? Maybe WE are the ones who are prejudiced!"

"You're right. I hope she doesn't get into trouble because of all this. Mary mustn't be the only one who's keeping an eye on Mrs Clark. Yasmina didn't say what she said by accident. She must know the story, and she may be very dangerous."

"Yes, like a wounded animal."

"What do you mean, Josh?" interrupts David. "Who is a 'wounded animal'? You're so lyrical!"

"We were talking about Yasmina, David. Joshua thinks she knows about Mrs Clark's past and that she might try to get her into big trouble."

"I agree. Ever since her Dad left home, Yasmina hasn't been the same. She used to be a bit of a trouble-maker*, but now she is getting really aggressive."

"Exactly like a wounded animal…"

"In a way… Maybe you're right."

"Why does she have to live with her grand-mother?"

"I think her mother died when she was very young. Her father was taking care of her until a few months ago, when he suddenly left home. Poor Yasmina must be feeling terribly abandoned."

"Well… she has her grandmother."

"Can you imagine, Matilda? He left home, just like that! One morning, he must have thought 'Well! Now, I've had enough with child rearing! The girl will manage with her granny!' and pfff! Daddy's gone!"

"You're imagining things, Joshua. You don't know anything about what really happened, do you?"

"David's right, Joshua, you weren't there and you don't even know him."

"OK, I may have an over-active imagination, but I'm starting from facts: he left home suddenly and since then Yasmina hasn't been the same."

"But that's no reason to hurt other people, especially not poor Mrs Clark."

"I'm just trying to explain what she might have in mind, and why we should be very cautious about gossip about Mrs Clark, Matilda, even if it does come from your good friend Mary. Maybe Mary has something to hide as well, after all…"

"Oh no… Joshua, you're going too far!"

"Just joking, Matilda, I didn't mean anything against Mary, it's just that things, and especially people, aren't always as simple as they seem."

Matilda is staring over at Mary, surrounded now by the group of murmuring pupils. "Vultures", Joshua said; and, from where she is standing, she can see his point. Joshua isn't silly. He's even rather bright and mature… Pity about the freckles!

Chapitre 5

Un sac de voyage suspect

– C'est vraiment glauque ici !

– Tu l'as dit, Julie. Quand on pense que c'est la première chose que les Anglais voient de la France quand ils traversent dans l'autre sens…

– Qu'est-ce que vous avez tous contre la Picardie ? Au moins, nous, on a la mer… Ma famille est de Berck et…

– Beurk… !

Martin s'esclaffe, renversé dans son fauteuil, ses longues jambes dépassant dans le couloir, la nuque appuyée sur son inséparable sac marron.

– C'est malin ! Les marais, c'est super !

– Beurk… C'est de la boue que vous mettez sur vos tartines ici, Naomie ?

Un concert de voix dégoûtées accueille cette image : Beurk !

– Vous êtes vraiment trop nuls ! Naomie s'enfonce dans son siège, sort son Agatha Christie, en anglais s'il vous plaît, et laisse tomber un rideau de cheveux bruns sur sa lecture et sa colère.

– Laisse-les dire Naomie, ils te font marcher, tu sais bien.

– Je sais, mais j'en ai marre. C'est toujours moi qu'on fait marcher, t'as pas remarqué, Julie ?

– C'est parce que tu réagis comme ça. Si tu ignorais leurs plaisanteries ou si tu répondais du tac au tac, ils se lasseraient.

– Je ne sais pas répondre du tac au tac, comme tu dis. Et puis c'est facile pour toi, tu es plus grande, mais moi je suis toujours la plus jeune, j'ai toujours été la plus jeune. Du coup, je suis le vilain petit canard. Tout ça parce que mes parents ont voulu me faire sauter une classe en primaire. Ça les flattait, tu comprends. En attendant, moi j'ai perdu toutes mes copines.

– Allons, tu t'en es bien fait d'autres tout de même ?

– Oh, pas vraiment… Il y a bien un peu Annabelle et Mélanie, mais elles sont tout le temps ensemble, ça ne les intéresse pas trop de sortir avec une « petite »… Et puis elles ne parlent que de garçons et de fringues et moi ça ne m'intéresse pas… Je préfère les romans policiers*, c'est quand même plus intelligent.

– Et ton correspondant* ? Il ne t'intéresse pas ?

– Joshua ? Si, bien sûr, il est super sympa, mais comme copain. On s'envoie des lettres, des timbres, des photos.

– Un correspondant, quoi…

– C'est ça, un correspondant. Je t'ai montré sa photo ? Naomie sort de son sac la photo d'un Joshua hilare, rubicond, coiffé d'une casquette de cricket.

– Il a l'air sympa… mais… ce n'est pas Brad Pitt, hein ?

– Et alors ? Ça m'est bien égal. Je ne suis pas une minette, moi !

– Qui veut faire un tarot ? lance quelqu'un à la cantonade.

– Moi, je vais au bar. Tu viens, Timothée ?

– J'arrive. Bah, laisse ton sac…

– Tsstss… Martin lui jette un regard réprobateur et empoigne vivement son sac.

– On vient aussi, dit Mélanie.

– J'en étais sûr ! Dès que tu fais un pas, il faut que ta frangine et sa copine suivent.

– Pas question, Mélanie. On n'a pas besoin d'espions, Martin et moi. Vous irez plus tard.

– Dis donc ! Le bar est à tout le monde. Si on veut y aller, tu ne peux pas nous en empêcher ! D'abord, j'ai soif ! Tu viens Annabelle ?

Annabelle se lève, un peu à contrecœur, ennuyée de contrarier Timothée. De plus, elle n'aime pas Martin. Elle ne saurait dire pourquoi, mais elle s'en méfie.

– On ira plus tard, Méla, c'est pas la peine de faire des histoires. On a presque trois heures devant nous.

– Ah non, alors ! On ne va pas les laisser faire la loi ! Si on veut aller au bar, c'est notre droit.

Mélanie s'engage d'un pas résolu dans l'allée, dix mètres derrière les deux garçons. Annabelle la suit en soupirant. Si seulement Mélanie arrêtait de « faire la cheffe »… C'est toujours elle qui décide alors qu'elle n'a pas plus d'idées que les autres. Le mois dernier, pour la fête chez Naomie, elle avait refusé d'inviter son frère sous prétexte que lui ne l'invitait jamais chez ses potes ! Mélanie avait passé tout l'après-midi de son côté avec des copines de Naomie. Annabelle s'était retrouvée isolée et, en l'absence de Timothée, se demandait bien ce qu'elle faisait là. Elle avait dû avaler des tonnes de cookies pour s'occuper. Quelquefois, Annabelle se demande vraiment pourquoi elle est toujours la meilleure copine de Mélanie… Heureusement, en Angleterre, elles ne seront pas dans la même famille. Annabelle sera à Islington, au nord de la City, le quartier des banques paraît-il, chez Mr and Mrs Perry et leur fille Matilda, qui a l'air super sympa, et sa sœur aînée, Paula. Mélanie logera plus à l'ouest, vers Camdon ou Camden, elle ne sait plus, chez une certaine « Yasmina Radis », ce qui a bien fait rire la classe, même s'il paraît que ça ne s'écrit pas comme ça !

Les deux garçons progressent à grandes enjambées dans les wagons malgré les embardées* de plus en plus fortes du train maintenant lancé à pleine vitesse, 300 km à l'heure ! Les filles les suivent en pouffant de rire à chaque fois que l'une chavire sur un passager. « Pardon ! Sorry ! Oh excusez-moi ! Pffff ! » D'excuse en glousse-ment, elles arrivent enfin au wagon-bar, où Martin et Timothée sont déjà adossés à une tablette, sirotant des Coca. Mélanie et Annabelle commandent leur boisson et s'installent un peu plus loin, prenant soin de leur tour-ner le dos mais de ne pas s'éloigner trop.

– Je me demande pourquoi Martin ne lâche pas son sac ! susurre Annabelle à Mélanie.

– Oui… Il ne le quitte pas. Il doit contenir sa « méthode d'anglais en trois heures d'Eurostar » sans doute… C'est sa dernière chance de ne pas se ridiculiser complètement une fois de l'autre côté.

– Le connaissant, il se débrouillera mieux que nous, tu vas voir.

– Ouais, tu as raison. C'est pas comme Tim, lui il est nul en anglais mais il ne se débrouillera pas ! Ce doit être pour ça qu'il est tout le temps fourré avec Martin. Pour profiter de ses combines.

– Ma sœur m'a dit que de toute façon pendant les premiers jours on ne comprend rien du tout !

– Pourtant, elle est bonne en anglais, Julie, non ?

– Super bonne ! N'empêche que l'année dernière elle a passé une semaine à manger des toasts beurrés parce qu'elle ne savait pas demander autre chose pour le déjeuner !

– Martin aussi y était l'année dernière, non ?

– Oui et il y a eu une histoire parce que… Attends, ils nous regardent…

En effet, les deux garçons semblent même parler d'elles. Martin finit son Coca et s'approche des deux filles, suivi de Timothée.

– Ça vous dirait qu'on vous emmène à Brighton le week-end prochain ?

– Comment ça ? Tout seuls ?

– Bien sûr ! On va quand même pas rester avec les autres pendant quinze jours comme des moutons. Tim et moi, on a bien l'intention d'aller visiter Londres et même de faire une petite virée au bord de la mer le week-end prochain. C'est plein de machines à sous ouvertes aux mineurs et on peut manger des *fish and chips* partout pour trois fois rien. C'est super ! J'y suis allé l'année dernière.

– Mais on n'a pas le droit, Tim !

– Oh, p'tite sœur ! Une fois qu'on sera de l'autre côté, on n'aura plus Maman sur le dos, c'est ça que tu vas bientôt comprendre. À nous la liberté !

– Mais comment on ira ?

– En train, bien sûr.

– Ça coûte cher ?

– On va se renseigner, mais non, je ne crois pas, et puis c'est pas dur de se débrouiller* en Angleterre.

– Qu'est-ce que tu appelles « se débrouiller », Martin ?

– Pour la débrouille, faites-moi confiance les filles. Enfin, si vous ne voulez pas venir, c'est pas grave, on emmènera quelqu'un d'autre.

– C'est bon, c'est bon. On y va, non, Annabelle ?

Timothée passe une main dans ses cheveux blonds et jette un regard appuyé à Annabelle du haut de son mètre soixante-dix tout neuf. Il sait qu'elle est la plus difficile à convaincre ; sa sœur le suivra partout sans hésiter, alors qu'Annabelle est plus prudente et plus obéissante. Mais il sait aussi qu'elle l'aime bien…

– D'accord, on va avec vous. Mais vous nous promettez de ne pas nous laisser tomber une fois là-bas.

– Bien sûr, young lady, no problem.

Le sourire carnassier de Martin illumine son visage triangulaire. Il ramasse son sac, pousse Timothée du coude :

– Allez, on s'arrache, Tim !

Chapter 6
An English Citizen

"Sir? Sir? Do you need an immigration card? I took one by mistake in Gare du Nord. But I don't need one, as I am a British citizen[*]."

The fat lady is waving a piece of paper at her neighbour. "Oh, maï, vous parleï fouançais peut-eïte? Vous eïtes d'Afouique du Noed?"

"No, thank you, Madam. I am a British citizen, just like you."

The dark-skinned middle-aged man smiles reluctantly, patently annoyed. He must be used to being treated as a non-European, but is obviously still bothered by it.

"Err... I see."

The ENGLISH lady turns to Miss Dean besides her.

"What about that young person over there, Miss? she says looking at Naomie. She is a member of your group, isn't she? Have she got an immigration card? Do you want me to give her mine? Surely she needs one. The English are very cautious about illegal immigration, not like the French, I should say. Quite unconscious, the French government, even. Don't you think, Miss?"

Naomie turns to her teacher, uncertain of whether she needs an immigration card or not.

"No, Madam, she doesn't need an immigration card either, thank you", answers Miss Dean. "Naomie Lubin is a French citizen. In France, as the bearer* of British passport, *I* am foreigner*."

Miss Dean's tone is clearly irritated as she turns down the insistent proposal. She sighs heavily and shakes her head.

"Nothing's new under the sun, Miss. People are still judged by the colour of their skin, you see."

The man who is speaking in sympathy with Miss Dean is the one who had to insist on not taking a card himself a few minutes before.

"You're right. It's really something! I told her we didn't need immigration cards but she insisted, staring at my pupil simply because she is somewhat dark-skinned and has brown hair. She should know that Europe is multicultural! Anyway, it's the look she had that infuriates me, not the fact that she asked. The girl is very sensitive, with an over-active imagination, she is the type of person who always thinks that a plot's being prepared against her."

Miss Dean watches Naomie who is reading by the window, a few rows ahead. The girl doesn't seem to have heard the discussion with the English lady. Miss Dean knows that she is intelligent enough to cope, but she is always worried when this type of incident happens in a group. She doesn't want Naomie to be treated differently from the others. It's difficult enough for her to be the youngest... and one of the brightest pupils.

"Yes. I bet she is used to being treated as a foreigner; if not, she'd better get used to it."

"Well, getting used to it doesn't seem so easy. I noticed your own impatience when that lady showed her doubts about your being a European citizen…"

"You're right. I found it hard to stand the superior look she had. As if being pale with blond hair and blue eyes was proof of… Sorry! There I go, getting upset again!"

"I understand."

"I have a teenaged daughter myself. As you said, teenagers are very sensitive, they want to be like everybody else: being different is even more difficult for them than for an adult. You cannot imagine how many times my daughter has come back from school crying because one of her classmates had told her she wasn't allowed to… I don't know, go to the grammar school, play handball in the school's team, or whatever, because she wasn't English… We have been in England for fifty years, my father worked for the English administration, and we still have to prove our rights… Sorry, there I go again!"

He smiles, ashamed to be getting upset so easily.

"Oh, it's not for myself. I'm used to it, as I said. It's for my daughter. I don't want her to suffer what my generation had to go through. When my wife died, nine years ago, she made me promise to send Yasmina to a proper English school, not to a Muslim school, as her grandmother would have liked. I promised, but sometimes I know it's hard for her, even though her teachers are very nice. Especially the French teacher: she really is someone who cares about people. She used to write to me. I tried to teach Yasmina that our culture is a wealth not a burden, but why not send her to one of our schools, then? It's hard to explain to a little girl."

Miss Dean looks at the man with sympathy. Although there are thousands of English citizens coming from the old Empire, the former English colonies, Miss Dean knows that they are among the poorest people in England and still suffer from racial prejudice despite the law. In fact, that's one of the reasons why Miss Dean chose to work in France, even though the situation isn't always better there...

"So, where does your daughter stay when you travel?"

"Oh... she stays with her grandmother. Actually, she's been with her grandmother for a few months now, since I've had to travel a lot..."

"Oh... So tonight will be 'les grandes retrouvailles' then? She must be dying to see her Dad and you must be very happy too. I guess she'll be waiting for you at Waterloo."

"Well... She... I... In fact, she doesn't know that I'm coming back. She doesn't know where I am actually. It will be a... surprise for her and her grandmother."

"Oooh… I see…"

"To tell you the truth, when I left Yasmina four months ago, I didn't say goodbye. I didn't have the strength. I didn't know when I would be back in England. I couldn't stand my life there for various reasons, which I didn't feel like explaining to a little girl. Yes, I see what you're thinking. You're right; I've been a coward*. Nothing is worse than silence and mystery."

"The problem is that, except to you, she is not a little girl anymore. She might have understood, you know."

"I've realised that. That's why I'm back. I couldn't stand not seeing her. I needed a break: that's why I left. But I couldn't sleep at night thinking that she was imagining things about her father, like I am a coward… which I am."

"You're not, since you're going back to talk to her."

"Hmmm… If she agrees to see me. Her teacher wrote to me saying she was very upset. She is the one who convinced me to come back; she found the right words, you know, unlike my mother…"

"Poor thing… You definitely have to go back home and talk to her. I know children. I can tell you that the truth is always worth the effort. She must have imagined much worse things than the truth."

"I just need a few days to find out how to get back in touch. My mother herself, the grandmother she is living with, isn't very keen on seeing me. She resents me, I think. She hardly answered my letters."

The man sighs and turns to the window, lost in his thoughts.

"What about you, Miss…?"

"Dean, Miss Dean."

"Samir Radhi. Nice to meet you, Miss Dean."

37

They shake hands with some ceremony to the amusement of the pupils.

"What are you going to do in England?"

"I'm taking my group to London for a two-week stay with their English host* families. For most of them it will be a first experience abroad. I must confess that I'm a bit worried, as I am the teacher in charge during the trip. It will be easier when we are in England, as the pupils will be with their host families. But till then…"

"Well, they seem to be behaving, don't they?"

"Still waters run deep", smiles Miss Dean. "I already had a serious problem in Gare du Nord: one of the pupils had brought… but I shouldn't mention…"

She coughs briskly and turns to look out the window.

"Anyway, some of them went to the bar more than fourty-five minutes ago, and are still gone. So, you see, I can't really relax! Naomie? Where are you going?"

"I'm not feeling very well, Miss. I'll be back in a minute."

"Do you want me to come with you?"

"No, no, I'll be alright. Thank you."

The girl swings to the end of the carriage and disappears behind the gliding doors.

"You see? You can never relax, I told you", smiles the teacher to her neighbour.

Chapitre 7
Les débuts d'une Miss Marple

Naomie chancelle entre les rangées, se rattrape à un dossier, s'excuse et repart droit devant elle. Elle traverse ainsi trois wagons sans regarder personne. Contrairement à ce que croit Pamela Dean, elle a très bien remarqué le regard de la dame anglaise, mais cela lui est bien égal : qu'on ne la croie pas européenne serait plutôt pour lui faire plaisir, pour ce qu'ils sont intéressants les Français et les Anglais… Toujours à se chamailler pour de vieilles histoires d'amour-propre. Le monde a bien d'autres chats à fouetter que de décider lequel des deux pays a attaqué l'autre il y a des siècles. Ce qui importe à Naomie serait plutôt d'éviter que l'une des rares réalisations communes aux Anglais et aux Français, l'un de leurs rares projets communs menés à bien, le tunnel sous la Manche, ne soit marqué par un incident qui remettrait en cause cette victoire technique et culturelle.

« Mesdames et Messieurs, dans quelques instants, nous entrerons dans le tunnel sous la Manche. La durée de la traversée sera de vingt minutes. Vous pouvez dès maintenant mettre vos montres à l'heure. L'heure locale est quinze heures quarante en Angleterre. Ladies and Gentlemen, in a few minutes, we'll be entering the Channel tunnel… »

Le train ralentit avant de pénétrer dans le tunnel, des rampes de béton remplacent les champs austères, puis seuls des néons défilent de chaque côté du train, à quelques centimètres seulement derrière les vitres. Le tunnel est beaucoup plus étroit qu'elle n'aurait cru, il semble qu'il n'y ait même pas la place pour un corps entre le train et le mur. À cette pensée, elle ne peut s'empêcher de frissonner. Naomie presse le pas. Elle sait que Martin transportait quelque chose de dangereux dans son sac. Les autres n'ont rien compris de ce qui s'est passé au moment du contrôle des bagages à Paris mais elle a deviné que les intentions de Martin n'étaient pas claires. Autrement, pourquoi se serait-il fait arrêter ? Et pourquoi ne veut-il pas se séparer de son sac ? Personne ne remarque jamais rien, mais elle, Naomie, a l'œil. Ce n'est pas Miss Marple* ou Hercule Poirot* qui laisserait agir en plein tunnel sous la Manche un gars louche, déjà arrêté une fois, avec un sac très suspect qu'il ne veut pas quitter. Elle doit les retrouver avant qu'ils n'agissent ! Justement, les voilà !

– Tiens, tiens, mais c'est la petite Naomie ! Qu'est-ce que tu fais là, crevette ? T'as fini ton bouquin ? Alors, qui a gagné, les gendarmes ou les voleurs ?

– Rira bien qui rira le dernier, Martin, c'est moi qui te le dis.

– C'est qu'elle est féroce la p'tiote. Qu'est-ce que t'en penses, Tim, si on testait notre arme anti-Anglais sur ce petit chat sauvage ?

– Laisse-la, Martin, ça va faire des histoires.

– Penses-tu… C'est pas bien méchant.

Martin soulève son sac et l'agite devant le nez de Naomie. Malgré ses bonnes résolutions de courage, elle ne peut s'empêcher de se coller à la paroi du soufflet* où ils se trouvent tous les trois.

– Si tu crois que je ne vois pas clair dans ton jeu. Ce n'est pas parce que les autres sont des veaux que tu peux me berner.

– On va te montrer quelque chose, petite. Tu vas voir, c'est autre chose que tes romans policiers, c'est du vrai frisson. Si tu aimes les sensations fortes, tu vas être servie. Tiens-moi le sac, Tim. Allez, quoi ! Tiens-le !

Alors que Martin se tourne vers Timothée, Naomie a le temps de se faufiler vers la plateforme du wagon le plus proche, mais les deux garçons la rattrapent et la coincent près de la porte de sortie. Les néons aux murs du tunnel sont comme des flashes qui jettent une lueur blafarde à intervalles réguliers sur leurs visages. Naomie, le dos à la porte vitrée, descend la marche à reculons et se retrouve en contrebas de ses agresseurs, les pieds bloqués sur la marche, la poignée d'ouverture de sécurité lui entrant dans les reins. Le grincement métallique du train est encore plus assourdissant ici, dans le renfoncement de la porte. Elle sait bien que celle-ci ne peut pas s'ouvrir, mais se trouver ainsi dos à la voie*, séparée seulement par la vitre des rails qui fuient dans la nuit, n'est pas une position agréable. Elle entend le zip de la fermeture éclair du sac. Martin, un sourire mauvais aux lèvres, y plonge la main…

– Méfie-toi, je tire le signal d'alarme* !

Naomie, qui s'était réfugiée vers la porte de sortie en pensant bien y trouver un signal d'alarme, l'a localisé, au-dessus de la porte. Pour l'atteindre, elle doit remonter sur la marche et se rapprocher encore plus du visage ricanant de Martin, le sac entrouvert à hauteur de son cou. En équilibre un pied sur la marche, le bras tendu, elle semble bien déterminée à l'actionner.

– Tu le feras pas !

Martin a tout de même l'air un peu inquiet. Il continue néanmoins à fouiller dans son sac. Soudain il pousse un cri :

– L'animal ! Il m'a mordu ! Saleté !

Naomie a sursauté violemment au cri de Martin, mais, se ressaisissant rapidement, dans un suprême effort, elle s'étire sur la pointe des pieds pour atteindre la manette rouge et tire de toutes ses forces. Dans un grand hurlement de freins, le train ralentit, les trois adolescents sont projetés contre le mur puis renvoyés sur le mur d'en face, avant d'être précipités à plat ventre.

Les lumières hésitent, faiblissent puis s'éteignent complètement dans les wagons. Sous le choc, Martin a lâché son sac qui s'est trouvé catapulté sur le sol en même en temps que lui.

– Hé... Godzilla se sauve ! Tim, attrape-le, attrape-le, vite !

En une seconde, le varan s'est échappé du sac et, grâce à ses pattes crochues, a grimpé sur la pile de valises dans le porte-bagages. On voit sa petite queue pointue dépasser entre deux bagages.

– Mais t'es complètement folle ! Elle est complète-ment folle ! Elle l'a fait ! Elle l'a fait ! Elle a tiré le signal ! Non, mais je le crois pas !

Martin est comme fou, il tourne en rond sur la plateforme maintenant stabilisée. On entend des cris en provenance des deux wagons voisins. Des gens s'agi-tent dans tous les sens, un homme en uniforme d'Eurostar passe à côté d'eux sans les regarder.

– Mais dis quelque chose, toi, abruti ! Ne reste pas là à ne rien faire !

– Fais voir ta main...

– C'est bien le moment. Essaie plutôt de rattraper cette bestiole avant qu'elle fasse d'autres dégâts ! Tu te rends pas compte ! On va avoir les pires ennuis, à cause de qui ? À cause d'une petite cruche qui se prend pour Sherlock Holmes* ! Mais tu ne perds rien pour att...

Martin reste bouche bée : la porte extérieure du wagon est ouverte. Naomie a sauté et s'est enfuie dans le tunnel !

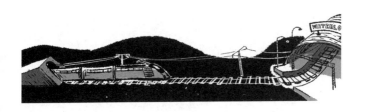

Chapter 8
The Petition

Through the window of the school restaurant, Oliver can see David punching his neighbour's head and Mary drawing things with her finger on the steam of the glass. He is one of the few who go home for lunch. "Kids...", he thinks with disdain. "How right I was not to go to Waterloo with them!" He grabs his bag and starts hurrying. "Yasmina must be home by now. Her place isn't far from school. Let's go."

Oliver takes the bus to Camden. There he makes his way among the crowd: tourists, a few punks, some left-overs hippies, gangs of youths wandering slowly among the shops, young couples holding each other tight, skinny guys in black-leather smoking or drinking beer on doorsteps... As he passes by a pub, the sound of a football match reaches him mixed with the shouts of the drinkers and the jingle of the slot machines. After the market, he turns right, follows the bridge and there's where she lives, in a building by the railway.

"Hi, Yasmina. How are you feeling? I was in the neighbourhood, and I thought I'd pop in for a little chat. You look great in this. Is it from India?"

"It's only my nightgown", she grumbles.

"Oh… I see… Errr… Can I come in? Thanks. Oops! It's nice in here, first time I've come to your place, Yas. Where is your grandmother?"

"Out."

"Good. I mean, we'll have a little time to ourselves, then. Can I sit down? Oh, is that your Dad in the picture? He looks very young and sporty. Was he a good cricket player? Sorry, maybe you'd rather not talk about him… Anyway, I've always dreamed about playing cricket. Can I switch this TV off?"

"What for?"

"Well, it'll be easier to talk. Are you planning to stand in the door way long?"

"Are you planning to stay long?"

"Alright, alright. Listen, Yasmina. I came to talk to you seriously. I may not be your best friend. But before you kick me out, listen to what I have to say."

"OK, go ahead."

She sits down by the door. Her hair isn't combed, her faded nightgown is too short and shows her skinny brown ankles. Her eyes are red and she's eating a cheese sandwich listlessly. A brown drop of pickle on her chin, she sips from her can of Coke rather noisily.

Oliver bends towards the door where she is seated, hands crossed on his knees, staring directly into her eyes.

"Were you serious when you threatened to sue Mrs Clark for racial prejudice?"

"No… Of course not. I said it because I was so upset. I'd like to do it, to put her into such trouble that she'd regret ever having treated me like a pariah* and…"

But it isn't so easy: you need evidence[*], witnesses[*], a lawyer[*], money…"

"That's why I'm here. We have witnesses: most of the pupils can testify in your favour, it's only a matter of convincing them. And I would be very surprised, considering what I've heard, if a good half of them weren't already convinced. As far as money is concerned, if we manage to alert the press about your case, I'm sure human-rights[*] organisations will help us financially."

"Do you really think so?"

"Positive. Now, we must act quickly. Crowds are volatile, you read that in any book about politics and communication. We must take advantage of today's events. Most of the pupils think that you're right, that Clark is a racist. She's already been involved in a similar affair. It's only a matter of days to gather information on this case. In the meantime, we have to launch a petition[*]."

"A petition?"

"Yes. We must get our text signed by as many people as possible."

"What text?"

"Here it is. Read this. Once we have fifty signatures, we'll send it to the newspapers, and then I can tell you Clark will be in a very bad position considering her troubled past."

Yasmina frowns for the tenth time since Oliver arrived. She raises her eyes to look at the guy. He is tall and handsome and he has a way of looking at people that makes them feel very special, his voice is warm, though it can be sharp when he doesn't control it.

She reads:

ONCE CONVICTED, SHE STRIKES AGAIN

We, students at Dundoe School, London, hereby denounce and protest against Betty Clark, the French teacher at the above-mentioned school.

Not only has she already been convicted for racial prejudice and anti-social behaviour, but she has been harassing* our fellow pupil Yasmina Radhi.

THE FACTS...

"But, Oliver, she hasn't been convicted before, has she?"

"Not exactly, but it will be more effective if we say she's a convict, it will be more striking, you see."

"Mmm… and then when you say 'she mistreated Miss Radhi' and 'our fellow Radhi had to go on leave for nervous breakdown'…"

"Didn't she mistreat you this morning? Weren't you on the verge of a nervous breakdown?"

"Well, I don't know. I was mad at her, that's for sure, but…"

"So, you see, these are facts. Every honest person who witnessed the scene will say that you were publicly humiliated. And what's the culprit's motive? Racial prejudice! And racial prejudice is not acceptable in our modern, multicultural country."

"If you say so… Anyway, I'm not sure that I want to go that far. After all, she just asked for my grand-mother's written authorisation for me to go to the station. That's all."

"So what? Did she ask the others theirs? In the same tone of voice?"

"Maybe not in the same tone, but…"

"Yas. You must behave responsibly. You have suffered an offence. You are in a state of shock, which is quite understandable. Let me take care of this. Just go through the text and then forget about it. I'll take care of the whole thing and when it's over, well… I might take you with us to Brighton for the weekend. It would do you good. What do you think?"

"To Brighton? With who?"

"Timothée, David's pen-pal, and Martin, mine."

"Wow! Brighton! You're planning to go to Brighton! Alone! Great! I'd love to go! Would you really take me with you?"

"Yes, I would. Everything is organised for the three of us, but there may be a little room for you if you'd like. But keep on reading first."

"No other girls? Just me, you and the two French guys?"

"Actually, I had thought of inviting Matilda. She is a very nice person, rather pretty, don't you think? But… she disappointed me today."

"Matilda? You thought of Matilda? I didn't know you were seeing her."

"I'm not really seeing her. It was just an idea. But, as I said, I was very disappointed by the way she behaved. After you left, there was a big discussion at school – that's why I know you have plenty of support among our fellow pupils –, well… Matilda was one of the few who didn't support you. I didn't know she was a racist. Now that I think of it, it doesn't surprise me after all. Come on, read on."

"OK. 'The Clark case of 199… blablabla…', hmm, 'We, citizens of England, gathered at Waterloo Station on Tuesday…' What's this? What do you mean? Are you going to show this to people outside the school? How could they know?"

"Yas. You are so sweet. But if you want to fight, you have to use whatever means you can. This afternoon is a unique chance for getting a great number of signatures, and that's why I rushed to your place. We have very little time but, if we can manage to get to the station while everybody is still there, we can get not only the pupils' signatures, but dozens of passengers' signatures too. It could have international impact."

"You're going too far, Oliver."

"What have you got to lose?"

"My grandmother won't like all this publicity. It's not like her."

"That's why it'll be a very good idea to disappear to Brighton for a few days while the dust settles. When you come back, after two or three days of fun with me and the French boys, you won't care about what the others think, and your grandmother will be proud of you."

"Why do you want to do this for me, Oliver? Why help ME?"

"Yas, it's not YOU that I want to help, it's humanity."

Chapitre 9
L'attaque du dragon

Annabelle suit tant bien que mal Mélanie vers le wagon-bar. Il faut vraiment avoir le pied marin pour naviguer entre les rangées de sièges sans éborgner personne. Vivement la fin de ce tunnel : c'est oppressant ces murs sombres qui défilent sans fin derrière les vitres. Et se dire qu'on a des tonnes d'eau noire au-dessus de la tête… C'est vrai qu'elle a les cheveux fins, Mélanie. Elle n'a pas tort de s'en plaindre. Si elle se coiffait autrement, au moins. Les mèches raides dans le cou, c'est vraiment trop moche ! C'est drôle comme certaines filles ne savent pas se mettre en valeur…

Soudain, au milieu de ces réflexions « amicales », Annabelle se sent projetée en avant. Elle a à peine le temps de se rattraper au dossier de fauteuil le plus proche. Elle voit Mélanie, comme au ralenti, basculer en avant, alors que des bagages dégringolent de tous côtés et que gobelets en cartons, livres et journaux s'éparpillent dans l'allée centrale. Les lampes du wagon clignotent, jaunissent, se rallument, puis s'éteignent complètement. Un silence lourd fait suite au hurlement des freins et au fracas des chutes d'objets.

À l'intérieur du train, ce n'est pas l'obscurité complète : les néons des parois du tunnel, maintenant immobiles, jettent une faible lueur blanche sur les visages pétrifiés des voyageurs.

Le train est maintenant immobilisé et tout le monde commence à s'agiter, à se relever, s'interroger, se tourner vers ses voisins en gesticulant. Un certain nombre de voyageurs se précipitent vers la sortie, paniqués, dans un but incertain. Annabelle tâtonne devant elle pour localiser Mélanie. Scrutant l'obscurité, elle distingue sa silhouette au pied d'un fauteuil, sous un amoncellement de bagages.

– Méla, ça va ? Tu t'es fait mal ?

– Noon… pas trop…

– Alors relève-toi ! Pourquoi tu restes comme ça ?

– Je… je peux pas bouger…

– Comment ça ? T'as mal où ?

– J'ai pas mal. Je… Regarde…

Annabelle se penche vers Mélanie. Toujours sans bouger, Mélanie désigne du menton son bras à demi caché sous un siège. Sur le col de la veste de Mélanie, Annabelle distingue quelque chose comme une pince pour les cheveux ou une petite fourchette.

– Mais qu'est-ce que c'est que ce truc ?

– Approche-toi. Viens voir de plus près. Je sais pas ce que c'est, mais j'ose pas bouger.

– On dirait un lézard !

– Annabelle ! Au secours, j'ai une peur bleue des lézards ! Et d'abord, c'est pas un lézard, c'est bien trop gros. On dirait… un mini-dragon.

– Allez ! Arrête ! Lève-toi et secoue ton bras : tu vas voir que ton dragon a plus peur que toi.

– Je ne bouge pas tant que les secours ne sont pas

là. Il est accroché à ma manche, si je bouge, il peut me mordre. Il est peut-être vénéneux.

– Venimeux, pas vénéneux.

– C'est bien le moment !

– Attends, je vais essayer de te l'enlever.

– Hiii ! Il bouge !

En effet, l'animal paniqué fuit à l'approche d'Annabelle et remonte le long du bras de Mélanie pour se loger dans son cou, à l'abri des cheveux. La pauvre Mélanie se redresse en hurlant, ce qui a pour effet d'affoler encore plus le varan qui s'agrippe de toute la force de ses petites pattes crochues au col et aux cheveux de son hôtesse. Annabelle ne peut s'empêcher de penser que, finalement, c'est une chance dans un cas comme celui-là d'avoir peu de cheveux !

– Écoute, Mélanie, calme-toi. Tu vois bien qu'il a encore plus peur que toi. Si cet animal est là, c'est qu'il est domestiqué, il a dû s'échapper du sac de quelqu'un au moment de l'arrêt. Il suffit de trouver son maître et il te délivrera.

– Et si c'est un animal de tunnel ?

– Quoi, un animal de tunnel ? Qu'est-ce que tu veux dire ?

– Un truc qui vivrait dans le tunnel, dans les profondeurs de la terre sous la mer, un animal inconnu jusqu'au percement de ce fichu tunnel qui lui aurait permis de proliférer. Hiii ! Il a bougé ! Il va me mordre cette fois !

– Tu racontes n'importe quoi. Allez, viens, on va chercher son propriétaire.

Ce n'est pas sans peine, au milieu de la confusion qui règne dans le wagon, que les deux filles interrogent les passagers, occupés à rassembler leurs affaires, agglomérés en groupes bruyants qui débattent pour savoir ce qui s'est passé, qui a tiré le signal d'alarme et «pourquoi personne ne nous donne d'informations». Mélanie, raide et muette, le regard fixe, son locataire logé dans le cou, suit Annabelle docilement.

– Il vient peut-être d'un autre wagon. Viens, allons vers le 8, de toute façon, il vaut mieux retrouver le groupe.

– Annabelle, j'en peux plus. Arrête-toi. Essaie encore de l'enlever. Je pensais à un truc… Tu veux pas regarder s'il a des écailles* ou la peau lisse?

– Comment veux-tu que je sache? On n'y voit rien! Je me demande ce qu'ils attendent pour rétablir le courant.

– Touche-le pour voir…

– Pourquoi? Qu'est-ce que ça change la couleur de sa peau?

– Je ne te parle pas de couleur! S'il a la peau lisse, c'est qu'il est de la famille des serpents, s'il a des écailles, c'est plutôt un genre de dragon…

– Et alors? Tu as une préférence?

– C'est facile pour toi de te moquer, hein! C'est pas toi qui a cette bestiole dans le cou.

– Allons, Méla, te fâche pas, j'essaie seulement de te faire rire. C'est pas un serpent puisqu'il a des pattes, et ce n'est pas non plus un dragon puisque les dragons, ça n'existe pas. C'est un genre de lézard, c'est tout. Pas méchant et sûrement encore plus affolé que toi. Tu devrais être contente qu'il t'ait choisie comme refuge. Il te fait confiance.

– OK, c'est peut-être pas un dragon, mais ça peut être un animal dangereux, mutant, est-ce que je sais, moi? C'est la première fois que l'homme marche sous terre sous la mer, non? Il peut bien y avoir des animaux nouveaux, pas encore répertoriés là-dessous.

– Et comment serait-il entré?

– Je ne sais pas, moi, au moment de l'arrêt, quelqu'un a peut-être ouvert la porte sur le tunnel et… oh non.

– Quoi encore?

– Je crois bien qu'il m'a fait pipi dessus!

Cette fois, Annabelle ne peut se retenir d'éclater de rire et Mélanie, à bout de nerfs et vexée, de fondre en larmes.

– Vous êtes blessée, Mademoiselle?

L'homme en civil, un badge de la sécurité épinglé sur son blouson, une lampe torche braquée sur les deux filles, s'adresse à Mélanie comme à une personne très fragile, ce qu'elle est en effet en ce moment.

– Noon… je ne suis pas blessée, mais… mais… regardez!

L'homme se penche sur le cou de Mélanie. Délicatement, il saisit le varan entre deux doigts et tire.

– Aïe !

– Excusez-moi, mais il n'a pas voulu vous rendre tous vos cheveux. Et… je crois qu'il vous a laissé un petit souvenir…

– Mmmm… je sais.

– C'est à vous cet animal ?

– Vous plaisantez ? Qu'est-ce que c'est d'abord ? Un dragon de tunnel, n'est-ce pas ?

– Un varan.

– Ben dites donc, s'exclame Anabelle, vous vous y connaissez en zoologie, vous ! Au premier coup d'œil, vous reconnaissez un varan. Cela fait une demi-heure que j'essaie de voir ce que c'est. Ma copine n'a pas tort : ça ressemble à un dragon.

– C'est que, pour tout vous dire, je le cherchais ce varan.

– Ah ? Avec tout ce qui se passe, vous cherchez un varan perdu sans collier ? Qu'est-ce qui s'est passé d'ailleurs ? Pourquoi on s'est arrêté brutalement ? Quelqu'un a tiré le signal d'alarme, n'est-ce pas ?

– Oui. Vous n'avez aucune information sur celui qui a tiré le signal, par hasard ? Vous venez du wagon-bar. Rien de suspect à signaler ?

– Non…

– C'est bon, dépêchez-vous de regagner vos places. Dès que le courant sera rétabli, nous repartirons.

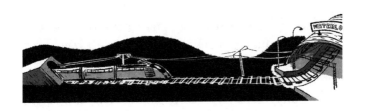

Chapter 10
Waterloo Station

The arrival hall at Waterloo International is jam-packed*. People have been waiting for an hour now to get news of the so-called "unspecified delay due to an incident in the tunnel". Since the announcement, a green notice has appeared on the electronic board: "Eurostar number 2055 from Paris expected at 4.54: delayed". And the annoying word just keeps blinking...

Most people are standing in the lobby, arms crossed or biting their nails, looking at the way-out doors as if that could make them open sooner. Many of them are spending the time phoning with their mobiles*. Some are walking endlessly among the crowd. A few keep complaining to any staff member they can find or running from the information desk to the ticket office.

Mrs Clark is among the quiet – though worried – ones. But keeping her group together is helping to keep her thoughts occupied. Her blond hair is some-what untidy for once, since she had to run after two or three of her pupils who wanted to go upstairs and buy chocolate bars while they were waiting. She had to explain that the Eurostar might arrive any time and that they would go back to the bus right away to try and beat the inevitable traffic jam*. Anybody left behind might easily be forgotten then. Then she had to comfort the most sensitive pupils, who fantasised too much about the dangers of the tunnel and were on the verge of crying when they heard that the train was stuck under the Channel.

"Oooh… now, what? Why are you crying, Mary?"

"It's… it's just that… I was thinking that… that it might be my fault…"

"Your fault? Why? What for?"

"I mean, if anything happens to you, it might be because of what I said."

"And what did you say, Mary? Stop sniffing and tell me what you said to whom."

"I told them about the trial, you know…"

"Oh, I see. And why did you do that, Mary? Is there anything in my behaviour that made you think of that old affair? Do you think I behaved unfairly? Do tell me, please!"

"No… not at all… I…"

"Then what?! Has it anything to do with Yasmina?"

"Well, yes. After… the fuss she made, we talked about racism, prejudice and all that, and I mentioned what happened at Saint Joseph. My big sister was at Saint Joseph at the time, you know, and…"

"I see. But, if you told the truth and didn't embellish things, then there's nothing to be ashamed of."

"I may have said too much…"

"Ah… Why then? Why tell more than the truth?"

"I don't know. Maybe, to… to… be part of something. I mean… nobody ever thinks that I could be part of what's going on. I mean, I had this information and I thought that it was a way of being... taken into consideration. Oh, Mrs Clark, I'm so sorry!"

"Never mind, Mary. I'll be alright. I've done nothing wrong, neither in the past nor recently. Now stop crying and... What is that...? Give me that paper, please."

Mrs Clark take the paper from Mary's hands and reads:

ONCE CONVICTED, SHE STRIKES AGAIN
We, students at Dundoe School, London, hereby denounce and protest against Betty Clark, the French teacher...

"Oh, no! Did you do this, Mary?"

Mrs Clark seems more saddened than worried by the petition. Her face stiffens while she reads on. She sighs or groans as she goes on.

"What a disgusting thing to do, Mary! How could you?"

"I didn't write this petition, Mrs Clark, I swear, it's not me! I even refused to sign it. Actually, when I saw it, I realised how bad it could be for you and... oh, everything is my fault..."

"No need to cry, Mary, it's too late anyway. Well, this... this petition is full of accurate details. Although it is a disgusting pack of lies and malicious feelings, one can see that the author has got a good source of information."

"I'm sorry. I'm sorry."

"Shhh! Let me hear the announcement."

"Eurostar number 2055 from Paris due at Waterloo at four fifty-four will be arriving at six fifteen. We apologise for this delay which is due to an incident in the tunnel. It seems that a passenger has pulled the emergency alarm unnecessarily. Some passengers suffered minor injuries* which have been taken care of on the train. Emergency services will be ready to welcome them at Waterloo in case of necessity. Additional information will be given to families on request at the information desk."

"You stay here while I go to the information desk. I want you all to stay together, is that clear?"

Mrs Clark tries to make her way to the desk among other panic-stricken people. In the turmoil, she doesn't notice Matilda, David and Joshua in vehement discussion with Oliver by the public phones in the corridor leading to the underground:

"Yasmina won't change her mind. Now that she knows she can have justice, she'll go for it."

"You mean revenge, Oliver, not justice."

"Call it what you will, but I know Yasmina: once she's decided something, she sticks to it. And if she has decided to get Clark fired and tried, then she will."

"You mean that you convinced her to write this disgusting libel*, or maybe you wrote it yourself. So you can convince her to back up, stop this silly petition and make peace with poor Mrs Clark."

"You got to be kidding!"

"We're not, are we, Joshua?"

"Not at all. Actually I've seldom been so serious, David. Are you laughing, Matilda? No. You see, Oliver, none of us is joking. Now, that's enough! You're going to call Yasmina, tell her that the petition is libel, and that it would get both of you into big trouble if it were published."

"And why should I be so kind? Why follow Mr Joshua's orders? To keep you from having an asthma attack? or some more nasty pimples, maybe? Poor thing, you shouldn't have sun-bathed behind a colander, I'm sure it doesn't please the girls, does it, Matilda?"

"I…"

David tries to stop Joshua who is rushing to start a fight with Oliver:

"Nooo! Don't Joshua! This is no time for a fight. Hit him another day if you like!"

"David's right, Josh, calm down, let him talk. We must be quick", says Matilda, who is holding Joshua's hand firmly in hers.

"Hey, little panther! You changed sides. You seemed very interested in your friend Mary's gossip this afternoon. What made you change your mind, Matilda? Don't tell me it's this carroty-haired Joshua."

"Youu…"

"Oh, no! Not again! Matilda, calm down! Oliver, fetch Yasmina."

"My dear David, what about you? Don't you like Brighton and its night life? Don't you want to have fun with the little Frenchies anymore? Pity, I had kept a seat for you…"

"David! Is that right? Were you supposed to go to Brighton with Oliver?"

"Yes. But I changed my mind, OK? Nobody's perfect! Don't you see he's trying to start a fight between us?"

"You're right, answers Joshua. Now, listen to me, Oliver. We know what you did last summer with your French pen-pal when you ran away from school. We know all the details, I have them in writing from a very reliable source. I know enough to get you kicked out of school at the very least. So if I were you, I would take that telephone, call Yasmina, tell her that she'd better forget this silly petition and go have a heart-to-heart talk with Mrs Clark. OK?"

"How…? How could you know anything? Only Martin was with me. You're showing off!"

"Your friend was too talkative I guess, or he left his stuff lying around. They have a little Agatha Christie in France. She is sharp and discreet and knows a lot more about you than you'd think. And she happens to be my pen-pal."

"Your pen… You mean that little… What's her name? Noémie?"

"Naomie, yes."

"Even if she knows something, she doesn't have any evidence."

"You wanna bet?"

"Mmmm… OK, OK."

"Good. Now, call Yasmina. Quick."

"No need, she's in the station. She wanted to be there."

Chapitre 11
Abondance de coupables

— T'as encore mal, Julie ?

— Ma pauvre, tu vas avoir une sacrée bosse !

— C'est pas grave. Ce qui m'inquiète plus, c'est que Méla et Annabelle ne sont pas encore revenues du bar. J'espère qu'elles n'étaient pas en route quand le train s'est arrêté. Elles auraient pu être projetées à terre avec le choc. C'était tellement violent qu'il valait mieux être assis, j'en sais quelque chose. Si je pouvais, j'irais demander à Tim, mais le type de la sécurité ne le lâche pas des yeux là-bas et son collègue doit être en train de faire passer un sale quart d'heure à cette pauvre Miss Dean. Elle a l'air tellement embêtée.

— Tu penses, elle doit se sentir responsable.

— Mais qu'est-ce que tu voulais qu'elle fasse ? Elle ne va quand même pas nous interdire d'aller au bar, ou nous y emmener tous en groupe comme des mômes. Tu vois un peu la tête de Martin si elle lui avait interdit de circuler ?

— Si vraiment c'est eux qui ont arrêté le train, ils risquent gros. Pour peu qu'il y ait des blessés dans les autres wagons, ils risquent en plus d'y avoir des procès.

– Oh, ne dis pas ça ! Ma p'tite sœur qui ne revient toujours pas…

– Ne t'inquiète pas, Julie. Annabelle va arriver. Ça ne doit pas être facile de circuler d'un wagon à l'autre en ce moment, avec la panique qui règne. Et puis elle est avec Mélanie, c'est pas pareil.

– En tout cas, si c'est Martin et Timothée qui sont responsables, ça va faire des vagues au collège !

– Et chez eux encore pire ! Quand tu connais la mère Lelièvre…

– Ça oui, la dernière fois que je suis allée chez Mélanie, Timothée était en train de se prendre un de ces savons… Elle ne doit pas être commode. D'ailleurs, c'est bien pour ça qu'ils étaient contents de partir à Londres. Pour eux, c'est vraiment des vacances !

– Tu pousses un peu. Moi aussi je la connais leur mère : elle est un peu soupe au lait, comme ça, mais dans le fond elle est sympa. Elle est surmenée et, seule avec deux zozos pareils, elle a des excuses…

– De toute façon, je vais vous dire une chose, Martin ne va pas se laisser prendre comme ça. Même si c'est eux qui ont tiré le signal d'alarme, et ça ne m'étonnerait pas, je lui fais confiance pour inventer quelque chose pour s'en sortir. Je ne sais pas pourquoi on l'a refoulé déjà une fois à Paris, mais je suis sûre que ce n'était pas sans raison. Qu'est-ce qu'il a pu inventer pour s'en tirer, je me le demande. Tu as une idée, Naomie ?

– Comment ? Qu'est-ce que tu dis, Julie ?

– Naomie ! Laisse ce bouquin ! La vraie vie, c'est ici, bon sang ! Après ça, tu vas te plaindre de ne pas avoir de copains ! Si tu vis dans tes livres, c'est pas étonnant !

Ça ne t'intéresse pas tout ce qui se passe en ce moment ? Tu n'as pas envie de savoir qui a tiré le signal d'alarme et pourquoi ? Et comment ça va finir pour les coupables*, surtout s'ils sont dans ta classe ? C'est fou, ça ! Ça vaut pas mal de polars*, non ?

— Mmm… Je me sens encore un peu barbouillée. Laisse-moi passer, s'il te plaît, je reviens.

— Elle est bizarre cette fille, tout de même…

— Mademoiselle, s'il vous plaît. Personne ne sort du wagon pour l'instant, je regrette.

— Mais, Monsieur, je…

— Désolée, Mademoiselle, mais une enquête est en cours dans ce wagon et personne n'en sort sans ma permission. D'ailleurs, puisque vous êtes là, dites-moi plutôt ce que vous savez. Si j'ai bien compris ce qu'a m'a dit votre professeure, vous étiez hors du wagon 8 au moment de l'arrêt du train. Vous avez peut-être vu ou entendu quelque chose de suspect.

— J'étais aux toilettes…

— Oui, je sais. Vous auriez pu vous faire très mal au moment de l'arrêt dans un si petit espace, on se cogne facilement. Vous n'êtes pas blessée ?

— Eh bien, non… Enfin si, je me suis cogné la tête…

— La tête ?

— Oui, je vais avoir une bosse. Naomie se masse l'occiput avec conviction. Mais ce n'est rien…

— J'espère que non… Ah mais mon collègue a retrouvé les deux dernières du groupe, on dirait. C'est bien elles, Mademoiselle Dean ?

— Oui, enfin ! Annabelle ! Mélanie ! Mais où étiez-vous donc passées ? Je me suis fait un sang d'encre ! Vous n'avez pas de mal ? Mélanie, tu est toute pâle, ça va ?

– Oui, Miss Pamela. Ça va, ça va.

– Venez là, je vous lâche plus.

– Pardonnez-moi, Mademoiselle Dean, mais ces deux jeunes filles sont sous ma responsabilité désormais. Allez rejoindre vos deux camarades là-bas, Mesdemoiselles, et attendez mes ordres.

– Mais enfin Messieurs ! Vous n'allez quand même pas soupçonner* tous mes élèves. Vous voyez bien qu'elles n'y sont pour rien !

– Je regrette, mais il va falloir qu'elles m'expliquent ce qu'elles faisaient entre le wagon 8 et la voiture-bar au moment de l'arrêt et pourquoi elles se baladaient avec…ÇA !

Et l'agent de sécurité qui accompagnait les deux jeunes filles brandit par le cou le varan affolé qu'il tient avec une dextérité surprenante entre deux doigts.

Le groupe muet laisse échapper un « oh ». Julie, qui s'était rapprochée de Mademoiselle Dean et de sa petite sœur, recule en étouffant un petit cri. Ainsi suspendu par la peau du cou, il est encore plus repoussant : deux gros yeux globuleux rendus brillants par l'affolement, ses petites pattes griffues qui s'agitent dans le vide, sa queue couverte d'écailles battant l'air furieusement, l'animal, bien que captif, a en effet quelque chose d'un dragon…

– Si j'en crois les déclarations de vos camarades, Mademoiselle Lelièvre, et particulièrement de Monsieur Martin Deloncle, qui en a été la principale victime, votre animal de compagnie l'a attaqué, griffé et mordu à la main, alors qu'il se trouvait sur la plateforme du wagon 4. Surpris, votre camarade a actionné le signal d'alarme, entraînant, comme vous le savez, un grave incident qui a blessé légèrement plusieurs passagers. Alors, en votre qualité de propriétaire de cet animal, je crains que vous ne soyez responsable de ce marasme. Je vais être dans l'obligation de contacter vos parents. J'espère seulement qu'ils ont une bonne assurance.

Mélanie, accrochée à l'épaule d'Annabelle d'un côté, soutenue par Mademoiselle Dean de l'autre, fait peine à voir. Son dos est secoué de gros sanglots et elle laisse échapper de temps en temps une plainte sourde. Mais que va dire Maman ? Elle va être furieuse ! Les fins de mois sont difficiles, ce voyage pour ses deux enfants était déjà un gros sacrifice pour elle, elle ne s'était pas privé de le faire remarquer ces derniers temps.

— Mais enfin, Méla, dis-leur que ce n'est pas toi !

— Ils ne me croiront jamais : ils m'ont trouvée avec la bestiole dans le cou, souviens-toi Annabelle !

— Mais, c'est trop injuste !

— Monsieur… Ça ne peut pas être ma sœur, vu que… l'animal est à moi !

— Tim ! T'es fou ! C'est à toi ?

— Heu… oui, je l'ai acheté quai de la Mégisserie

pour frimer à Londres. C'est pas malin, je sais. Au moins, ça prouve que Mélanie n'y est pour rien, Monsieur, vous pouvez la laisser maintenant.

– Beau geste, jeune homme, c'est bien de défendre sa petite sœur. Mais je ne peux pas vous suivre : rappelez-vous que c'est elle qui l'avait en sautoir, pas vous !

– Écoutez, Monsieur, arrêtons là. Tout est de ma faute. Je n'aurais jamais dû laisser passer cela. En fait, j'aurais pu me douter que ce varan était à bord, parmi les bagages de mon groupe. Pour... Par lâcheté, je l'ai laissé mais ni Mélanie Lelièvre ni son frère Timothée n'y sont pour quoique ce soit. C'est moi la coupable !

– Mademoiselle Dean, ce n'est pas parce que vous êtes responsable professionnellement de votre groupe que vous êtes coupable de leurs bêtises, vous savez.

– Laissez-les tous, je vous en prie. Je vous assure qu'ils n'y sont pour rien. Je vous expliquerai tout cela au poste de police à l'arrivée à Londres.

– Bon... si vous vous portez garante*...

– Mais, Miss Pamela, vous ne pouvez pas faire ça !

– Qu'allons-nous devenir sans vous ?

– Et puis ce n'est pas juste ! Nous savons bien que ce n'est pas vous !

– Laissez-moi faire.

Un silence consterné emplit le wagon. Mélanie continue à sangloter, assise de travers sur un accoudoir. Julie et Annabelle, se tenant par la main, baissent la tête. Timothée lance des regards à la fois furieux et interrogatifs à Martin qui, lui, évite de regarder qui que ce soit. Quant à Naomie...

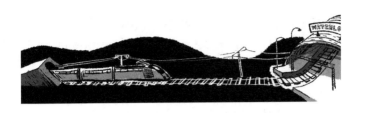

Chapter 12

Miss Pamela Under Arrest

"I don't understand, Oliver. What made you change your mind? You seemed so confident and now..."

Yasmina tries to catch Oliver's eye but he keeps avoiding her glance. A few steps away, he looks nervously at the group of pupils over there. It's obvious that he feels ill at ease but Yasmina can't figure out why. It's not like him. Why did he suddenly decide that "withdrawing the petition would be wiser"? It was his idea. Why does he now think they should postpone the weekend to Brighton? And why is he so eager for the French to arrive, when he didn't even want to be at the station to greet them?

"Oliver? What's wrong?"

"Oh... nothing. I just thought that you might be in trouble if Mrs Clark happened to see your petition. It's somewhat over-stated, don't you think?"

"But... YOU wrote it!"

"Well... I helped you, but it was your idea to sue Mrs Clark in the first place. The whole class heard you say so."

If looks could kill, Oliver would have died then and there. Her cheeks are red and, behind her back, her knuckles are white.

"Yasmina! Yasmina! Come, my dear, please."

Mrs Clark has seen her, and is calling to her from the other side of the hall. She looks so frail and tense in her dull grey dress, her arms lifted to catch her attention, her worried face shadowed by stiff blond hair. Yasmina hesitates, not sure what to do. It is a trap*? What does she want now? To negotiate? It seems like everybody is changing sides, that everybody is turning against her.

More and more pupils have spotted her and are turning to look where she's standing with Oliver, waiting for her to make another fuss, so she thinks. As she walks reluctantly towards the group, she can see Mary next to the teacher, a sheet of paper in her hand. "Oh no! I can't believe that she's shown the petition to Mrs Clark! I would have thought Mary would sign it; if she doesn't, who will?" Yasmina can see Matilda and Joshua side by side a little further away by the information desk with David. How she hates them all! What do they have in common with her besides their age? None of them can understand how she feels, what she's been going through. Mary seemed the most understanding but, as she comes closer, Yasmina can see that the girl is leaning close to Mrs Clark: she has obviously been manipulated* by the teacher. Yasmina hoped that Matilda would sign the petition just to please Oliver. Poor gifted little girl! Yasmina had read into her mind a long time ago. David Watts was a better ally: after all, he is a friend of Oliver's, he was supposed to go to Brighton with them and he's

72

Timothée's pen-pal. So what's he doing with Joshua and Matilda? Everybody seems to have turned against Yasmina Radhi, ever a pariah…

"What are you staring at?! Ah, I'm glad to see such solidarity between pupils! It's really touching!"

"Calm down, Yas, nobody is staring at you…"

"Don't you think so? Then what are they doing? What are you doing Mary?"

Yasmina suddenly grasps the paper from Mary's hands: it's the petition. She silently turns the pages following the text itself: ten blank pages ready for the signatures. But not a single name yet.

"So you've seen it…"

"Yes, I did, Yasmina. We'll discuss it later. Now come with me: I have something to tell you in private."

Mrs Clark's tone is so determined and her voice so different from her usual calm one, that Yasmina can't help being intrigued. She follows the teacher without a glance at the others.

"My dear Yasmina. I know that you resent your father for leaving. But…"

"I don't want to talk about him. You have no right to discuss that with me: it's a private matter and…"

"Listen, listen. I agree that it's a private matter. I just wanted to tell you that you should reconsider your position, try and understand his reasons, be more…"

"I told you I didn't want to hear from him. You should be more careful, Mrs Clark. It's not because those little cowards didn't dare sign the petition against you that I can't act by myself. And, believe me, I will be more determined next time."

"I believe you, dear, I do believe you. The thing is that you should be more careful about the people you listen to. I'm quite sure you didn't write this petition yourself. I can understand that you're angry. I even appreciate your reasons. But, as you said yourself, you're not a coward. And only cowards use libel as a weapon. It's not like you, Yasmina."

So saying, Mrs Clark cannot help looking resentfully at Oliver. But she does not utter a word against him.

"Anyway, that's not what I wanted to tell you, Yasmina. It's something else entirely. I hate to give you bad news, but your father is among the people who were injured on the train."

"…"

"His name is on the list published by the information desk. Don't be too worried though, they assured us that nobody was seriously injured, only minor bumps and bruises. Some of the French pupils are on the list as well. I think your Dad would appreciate your welcoming him back after what he must have gone through."

Yasmina remains silent. She seems stunned by the double news: her father is back and he has been injured in the train. Moreover she wonders what his intentions were: why is he back? He surely wasn't intending to come home, was he? So what will he do if he bumps into his daughter unexpectedly? It might look as if she had been there on purpose, to try to trap him into coming back. Yasmina hates the idea of having to beg him to come back.

"OK, Mrs Clark, I'll be around. I'm just going to the ladies."

"Okay. Meet you there, dear."

"Where did she go, Mrs Clark?"

"Making herself fit to be seen for her father, I suppose, Matilda. He's in the train."

"Oh! I'm not sure she'll be back very soon then…"

"Joshua! What do you mean? Why do you say that? Mrs Clark didn't seem to be that angry."

"Think about it: Yasmina was very upset when her father left, now she's told that he's back by someone she doesn't trust. Knowing Yasmina, do you really think she'll welcome him home? Do you really think she went to the ladies room to make herself look good for the father she resents so? Really?"

"Well… you never know. She might be worried about him being injured and…"

"Here they are! At last!"

The crowd gathered in the Waterloo International arrivals area suddenly starts chattering all at once. A mixture of relief and increased anxiety welcomes the announcement that the train has entered the station. The first passengers press the metallic grey sliding doors and rush out. Most of them run to the taxi station or to the underground, trying to regain the lost hours. Some rush to their relatives with loud sighs and noisy complaints. Then the flow intensifies. Mrs Clark suddenly waves at someone at the door: Miss Dean has finally appeared, followed by the group of French pupils.

"My dear Pamela! How…? But what…?"

Mrs Clark stares bewildered at the two security inspectors who haven't let go of her arms since the train stopped.

"I'm afraid you'll have to take charge of my group for a little while, Betty. These gentlemen insist on talking to me!" she adds with a twinkle in her eye.

Chapitre 13
Sortis du tunnel

L'inspecteur fait taire les élèves, français et anglais, qui ne cessent de s'interpeller bruyamment :

– Silence, jeunes gens ! Vous allez comprendre. Venez ici, Mademoiselle Lubin, oui, oui, ici, à côté de moi. Après ce que vous venez de me dire, vous méritez bien la place d'honneur.

L'inspecteur allume l'espèce d'écran de télévision qui trône dans la pièce où s'entassent les élèves français et anglais.

– Regardez bien l'écran* de contrôle. Ce que vous voyez, là, c'est la sortie du tunnel, côté anglais, il y a deux heures environ. À ce moment-là, le train est à l'arrêt et je dois vous dire que c'est la panique à bord.

– Do you want me to translate ? Mrs Clark asks her pupils.

All of them shrug in disdain. They are so curious that they all understand French now.

– Maintenant regardez ! C'est là que tout se joue…

Sur l'écran, une torche troue l'obscurité du tunnel. Elle éclaire les parois de façon erratique. Le faisceau accélère, balaie les wagons et s'immobilise au sol.

— Au moment où Naomie Lubin a sauté du wagon, Martin Deloncle, le véritable propriétaire du varan, lui a emboîté le pas. La porte s'est refermée sur eux. En véritable petit détective, Naomie était équipée d'une lampe torche, ce qui lui a permis de se rapprocher du wagon 8. C'est là qu'il l'a rattrapée, bousculée et fait tomber sur le ballast* : c'est ce que vous venez de voir. Cette agression aurait pu être très dangereuse, car le train pouvait redémarrer à n'importe quel moment. Vous comprenez pourquoi il est strictement interdit de descendre sur la voie, même si le train est à l'arrêt. C'est particulièrement vrai dans le tunnel, puisque les parois sont très proches des voies.

Heureusement, M. Radhi avait observé la scène depuis son compartiment. Discrètement, il est sorti lui aussi, profitant du déverrouillage temporaire des portes, a ceinturé l'agresseur, aidé Naomie à se relever et ils sont remontés tous deux à bord sains et saufs.

— Mais alors, où était Martin à ce moment-là ? demande Julie.

— Attendez, attendez, vous allez voir, reprend l'inspecteur. Regardez l'écran de contrôle. Vous reconnaissez ce garçon, tremblant sur le ballast ? Le pauvre… Un grand gars comme lui, qui pleure et appelle sa mère ! Cela étant, je confesse que, moi non plus je n'aimerais pas rester tout seul dans le tunnel. Maintenant il cogne désespérément sur la porte, espérant qu'on lui ouvre… Et il regarde partout autour de lui dans le noir… Assez effrayé, on dirait.

— Mais… c'est Martin ! s'écrie Annabelle.

— Il fait moins le malin, on dirait…

Une rumeur monte des rangs des Français. Quelques rires fusent, des plaisanteries…

– Who is he? I can't see…

– You know, Martin, the one who ran off without authorization with Oliver last year.

– Hmmm… He doesn't look the same. I can't recognize him…

– Oui, c'est bien lui. Il ressemble plutôt à Calimero comme ça, non ?

Un éclat de rire général salue cette comparaison.

– Mais… il est encore dans le tunnel ? s'inquiète Annabelle.

– Non, non, rassurez-vous. On est en train de l'interroger avant de le renvoyer, sous bonne escorte[*], chez ses parents. Mais, revenons au train. M. Radhi avait votre camarade à l'œil. Il avait suivi toute l'histoire et Naomie lui a raconté ce qu'il lui manquait pour comprendre. C'est pourquoi ils ont décidé tous les deux de lui jouer ce mauvais tour et de le laisser à l'extérieur jusqu'à ce que le train redémarre. En fait, bien sûr, il ne courait aucun danger. Le contrôleur avait été prévenu. Il n'y a que la pauvre Mademoiselle Pamela Dean qui, n'étant pas au courant, a dû être arrêtée.

– Reconnaissez que, si nous vous avions mise dans la confidence, vous n'auriez jamais voulu laisser Martin tout seul dehors, n'est-ce pas ? interroge Naomie.

– C'est sûrement vrai… Cette histoire m'apprendra à me rendre complice de mes élèves les moins raisonnables. J'aurais dû être plus ferme au départ, à Paris, lorsque Martin s'est fait arrêter avec son varan.

– Miss Clark, how is Yasmina's father? And where is she? asks Mary, from the corner of the room where she's half hidden.

– I guess that Mr Radhi is being taken care of. But I am worried about Yasmina. I don't know where she is. She left here after she's learnt about her father.

At that very moment, Matilda and Joshua enter the room, a radiant smile on their faces. They're holding hands.

– We found Yasmina wandering around the station. She is very upset and worried about her father but she didn't dare say who she was, so she couldn't find out how he was, like the other victims' relatives could.

Un agent de la sécurité profite de l'interruption pour s'approcher de l'inspecteur :

– Qu'est-ce que je fais de l'animal, chef ? Il commence à s'énerver dans sa boîte. Et il paraît qu'il griffe.

– Voyons… Je pense qu'il faut appeler les services vétérinaires de la ville. Je ne vois rien d'autre à faire.

– Vous voulez dire qu'ils vont le… piquer ? demande Naomie.

– Et bien, c'est à craindre, Mademoiselle. Cet animal a été introduit en fraude sur le territoire britannique, rien ne prouve qu'il soit sain, vacciné, et…

– Verriez-vous un inconvénient à ce que je le garde ? Faites-le vacciner, aux frais de son propriétaire, Martin Deloncle, et je m'en charge ensuite. Qu'en dites-vous ? Sinon, je crains qu'on ne le renvoie pas en France et qu'il ne finisse empaillé. Et puis, je n'ai pas de cadeau pour ma famille d'accueil*, alors…

– That doesn't matter, Naomie, Joshua interrupts. We're pen-pals, nothing more. But if you want to keep this reptile and leave it with us when you go back to France, I'm sure my parents won't mind : they love animals.

– Well, thank you, Joshua. I must confess that I feel more comfortable with this pet by my side than all alone in London.

– I understand. But, you won't be alone in London : I'll be here for you.

Naomie jette un regard à Matilda, qui rougit.

– WE will take care of you, Naomie, if that's what's worrying you, says Matilda. But I'm sure you'll manage by yourself pretty soon.

– Bon, je vais voir ce que je peux faire, Mademoiselle Lubin. Nous vous devons bien cela, lui dit gentiment l'inspecteur.

De leur côté, les deux enseignantes peuvent enfin se parler. Mrs Clark est bien ennuyée :

– Oh, Pamela, I feel so guilty about having written to Mr Radhi. It's my fault if he was in the train: I wanted poor little Yasmina to get her father back, so I wrote a letter to him. And now, he's involved in all this…

– Did you do so? Don't regret it. I had a long talk with him. He feels so sorry for his desertion. He seemed such a responsible and caring parent. You did well.

– You're too kind, Pamela. Thank you. But it wasn't any of my business. I had to pay for my being too involved in my pupils' problems at Saint Joseph in the past. I should have known.

– It's over, Betty, an old story. Forget about those bad memories from Saint Joseph.

– I'd love to, but there's always someone to remind me. I'll tell you about what happened with Yasmina. You'd be surprised how people can be manipulated. Especially youngsters.

– You don't have to tell me… That's why our role is so important. It's our task to open their minds so that they don't end up like this lady in the train… I'll tell you about it, later.

– I'll take Yasmina to the first-aid point when all the pupils are with their host families. I could drive her home with her father. It's the best I can think of to show Yasmina I don't resent her for the petition.

– What petition?

– This is another thing I'll have to tell you when we get in the car. You're coming with me, aren't you?

– Oh ! Yes, with pleasure!… I was about to ask. I mean… I haven't finished my talk with Yasmina's father. If you don't mind, I might help you with Yasmina and demonstrate the French college's solidarity to one of the victims'of Mr Deloncle and…

– Alright, Pam, I don't need anymore arguments, says Mrs Clark smiling. We'll buy chocolate bouchées on our way as a present to your friend Mr Radhi.

– Dans ce cas, tout est dit, n'est-ce pas, inspecteur ? Vous n'avez plus rien contre moi ? demande Miss Dean avec un grand sourire et les joues roses.

– Je n'ai jamais rien eu contre vous Mademoiselle Dean. Encore désolé pour ce petit stratagème*.

– Never mind. Never mind. Allons-y ! Mes élèves ! Vous êtes prêts? Vous avez un quart d'heure pour localiser votre correspondant. Nous nous voyons demain à l'école. Bonne soirée à tous. À demain. Nous avons à faire, Mrs Clark et moi.

**VOCABULAIRE / VOCABULARY
QUIZ
EUROSTAR**

BONUS

Accueil : manière de recevoir. *Famille d'accueil :* famille dans laquelle un étranger est reçu temporairement, le temps d'un échange linguistique par exemple.

Avoir à l'œil : (fam.) surveiller.

Ballast : partie cailloutée sous les traverses d'une voie ferrée.

Complice : qui participe à l'infraction commise par quelqu'un d'autre.

Correspondant : personne à qui l'on écrit régulièrement.

Coupable : contraire d'innocent.

Débrouiller (se) : (familier) se tirer habilement des difficultés.

Décompression : baisse de la pression atmosphérique ayant des effets plus ou moins graves sur l'organisme.

Écailles : plaques qui couvrent la peau des reptiles et des poissons.

Écran de contrôle : récepteur des images d'une caméra de surveillance.

Embardée : mouvement brusque sur le côté.

Escorte : groupe de personnes chargées de surveiller ou protéger quelqu'un. *Sous bonne escorte :* bien encadré par des surveillants.

Évacuation : fait de sortir d'urgence et en masse d'un lieu.

Garant : qui engage sa responsabilité au nom d'une autre personne.

Hercule Poirot : célèbre détective dans les romans policiers d'Agatha Christie.

Miss Marple : célèbre détective dans les romans policiers d'Agatha Christie.

Polars : nom familier donné aux romans policiers.

Procès-verbal : constat d'une infraction.

Roman policier : histoire contant des événements criminels plus ou moins mystérieux.

Scanneur : appareil qui numérise les informations et permet par exemple de contrôler un bagage sans avoir à l'ouvrir.

Sherlock Holmes : célèbre détective dans les romans policiers de Conan Doyle.

Signal d'alarme : manette que l'on tire pour arrêter un train en cas d'extrême urgence.

Soufflet : partie articulée entre les wagons d'un train.

Soupçonner : avoir un doute quant à l'innocence de quelqu'un.

Stratagème : ruse bien combinée.

Voie : passage ferré pour les trains.

Bearer: person who carries something. *Passport bearer*: person who has the nationality of a given country.

Citizen: person who is allowed to vote in a given country.

Convicted: who has been declared guilty by a court of law.

Coward: who has no courage.

Dark-skinned: genetically tanned; Black or Indian person for e. g.

Evidences: material fact which proves something.

Foreigner: person who does not have the nationality of a given country.

Fuss: scandal.

Gossip: conversation about other people or their actions.

Guilty: opposite of innocent.

Harass (to): to annoy repeatedly.

Host (to): to accommodate and treat like a guest. *Host family*: family with whom foreign students stay temporarily.

Human-rights organisations: groups who fight for the basic rights of human beings, such as the right to live, think, talk…

Injury: wound.

Jam-packed: overcrowded.

Lawyer: someone who is specialized in law.

Libel: text that wrongly damages someone's reputation.

Manipulated: induced into doing something by malicious manœuvres.

Mobile: cellular phone.

Open-minded: open to other peoples' opinions.

Pariah: in India, class of people who are not allowed to live wih the rest of the population.

Pen-pal: friend with whom you correspond by letter.

Petition: text signed by as many people as possible to denounce or claim something.

Prejudice: negative opinion about a group of people based on their characteristics, for e. g. their racial origins.

Security officer: person in charge of control and security.

Sue (to): start a legal case against someone.

Traffic jam: excess of cars which blocks the traffic.

Trap: device to deceive someone.

Trial: legal process in which a judge decides whether someone is guilty.

Trouble-maker: person who causes problems (trouble).

Witness: person who has seen an event and is able to tell other people what happened.

CHAPITRE 1

1. *Mélanie est*
a. la sœur de Timothée.
b. la petite amie de Timothée.
c. la meilleure amie d'Annabelle.

2. *Le groupe de Français se rend en Angleterre*
a. en ferryboat.
b. en Eurostar.
c. en bus par le Shuttle.

CHAPTER 2

3. *Who is Matilda's pen-pal?*
a. Mélanie
b. Annabelle
c. Joshua

4. *Yasmina is upset because Mrs Clark doesn't want her to go to Waterloo station.*
a. True
b. False

CHAPITRE 3

5. *Martin et Tim comptaient sur le varan pour*
a. impressionner les filles en Angleterre.
b. faire un cadeau à leur famille d'accueil.

6. *Martin remet le varan à sa mère qui travaille dans le quartier.*
a. Vrai
b. Faux
c. Ce n'est pas dit.

CHAPTER 4

7. *In the past, Mrs Clark was convicted of racial prejudice.*
a. True
b. False

8. *Joshua convinces Matilda not to listen to the gossip*
a. because he's in love with her.
b. because he thinks it's unfair.

CHAPITRE 5

9. *De toute la classe, Naomie est*
a. la plus jeune.
b. la meilleure élève.
c. la seule qui parle anglais.

10. *Annabelle et Mélanie ont envie d'aller à Brighton avec les garçons.*
a. Vrai
b. Faux

CHAPTER 6

11. *Tous les non-Britanniques doivent remplir une carte d'immigration à l'entrée en Grande-Bretagne.*
a. Vrai
b. Faux

12. *M. Radhi a*
a. une fille nommée Yasmina.
b. une fille nommée Naomie.
c. deux fils.

CHAPITRE 7

13. *Naomie est au courant des intentions de Tim et Martin.*
a. Vrai
b. Faux

14. *Naomie se fait agresser*
a. alors que le train est dans le tunnel.
b. dans le wagon-bar.

CHAPTER 8

15. *Oliver wants to help Yasmina.*
a. True
b. False

16. *A text signed by as many people as possible to denounce or claim something is called*
a. a petition.
b. an exhibition.
c. a demonstration.

CHAPITRE 9

17. *Le train s'arrête en plein tunnel parce que*
a. quelqu'un a tiré le signal d'alarme.
b. il y a une panne d'électricité.

18. *Mélanie est assaillie par*
a. un dragon.
b. un varan.
c. un serpent.

CHAPTER 10

19. *Mary is crying because*
a. of the incident in the tunnel.
b. her father is on the train.
c. she feels guilty.

20. *How do Mathilda and Joshua manage to force Oliver to withdraw his petition?*
a. They threaten him.
b. They pay him.
c. They convince him.

CHAPITRE 11

21. *Naomie était assise à sa place lors de l'arrêt du train.*
a. Vrai
b. Faux

22. *Martin Deloncle est*
a. coupable.
b. victime.

CHAPTER 12

23. *Who should have signed the petition according to Yasmina?*
a. Mary because she started the affair.
b. Mathilda to please Oliver.
c. David because he is Oliver's friend.

24. *Who signed it?*
a. Nobody.
b. Only a few people.

CHAPITRE 13

25. *Mrs Dean a été arrêtée pour qu'elle ne s'oppose pas au piège tendu à Martin.*
a. Vrai
b. Faux

26. *Mrs Clark and Miss Dean are going to pay a visit to Mr Radhi and her daughter*
a. True
b. False

Réponses / Answers p. 94

Les formalités au départ d'Eurostar

14 h 49
- enregistrement des voyageurs
- formalités de police
- passage des bagages aux rayons x
- attente dans le terminal

15 h 09   embarquement à bord du train

15 h 19   départ du train

Chronologie

Premier projet de lien fixe trans-Manche.	Première tentative de forage sous la mer des deux côtés de la Manche.	Projet de tunnel ferroviaire.
1802	1880	1973

Animaux à bord

Les animaux sont interdits
à bord d'Eurostar. Depuis 2003 cependant,
le transport de chiens guides
est autorisé sur le trajet Londres-Paris.

*NB : L'introduction d'un animal
comme Godzilla serait donc impossible
dans la réalité.*

Le projet **Eurotunnel** est préféré
à Europont (des travées longues
de 5 000 m suspendues à des câbles)
et Euroroute (pont-tunnel-pont,
relié par des îles artificielles
combiné à un tunnel ferroviaire
sous le fond de la mer).

Début
du creusement.

Jonction sous la Manche
entre les équipes
française et britannique
dans le tunnel.

1986   1987   1990

Security

• Eurotunnel is a double railed tunnel;
there is a third tunnel, dedicated to maintenance
and security.

• Eurostar is one of the safest trains in the world.
All the members of the staff attend first aid
courses. The protection against fire is particularly
important.

NB: It would be impossible for Naomie
to open the outdoor and jump into the tunnel
as told in Train 2055: *this episode is for the sake*
of suspens and fun.

Junction at 15,6 km
from France and
22,3 km from England.

1st commercial train
in the Channel tunnel.

1990   1994

Eurostar Train

- Each lift is 400 metres long, divided into 18 carriages and 2 engines.
- 750 seats, that is the equivalent of 2 Boeing 747.
- Eurostar service is direct, from the center of London to the center of Paris or Brussels in 2 hours and 40 minutes.
- Eurostar crosses the Channel Tunnel at 160 km/h and runs at speeds of up to 300 km/h on high-speed lines.

The Channel Tunnel

- Since May 1994, 177 million people have used the Tunnel:
  – 108 millions in their private vehicle, by bus or lorry in the Eurotunnel Shuttle;
  – 69 millions via Eurostar.
- That's an average of 47 000 people per day via the Tunnel for 2005.

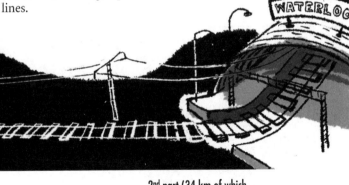

1st part (74 km) of high speed line in England.

2nd part (34 km of which 22 in the tunnel) of the high-speed railway. The final destination will be Saint-Pancras, in London, instead of Waterloo station. The duration of journey will then drop to 2 h 1/4 from Paris to London.

2003   2007

1 a et c	14 a
2 b	15 b
3 b	16 a
4 b	17 a
5 a	18 b
6 b	19 c
7 b	20 a
8 b	21 b
9 a et b	22 a
10 a	23 a b c
11 b	24 a
12 a	25 a
13 b	26 a

● Tu as de 14 à 20 bonnes réponses
Between 14 and 20 correct answers

➜ Y a-t-il une langue où tu te sens moins à l'aise ?
Which language is more challenging for you?

● Tu as de 20 à 25 bonnes réponses
Between 20 and 25 correct answers

➜ Bravo !
Tu as lu attentivement !
Congratulations.
You read attentively!

Score

● Tu as moins de 14 bonnes réponses
Less than 14 correct answers

➜ Tu n'as sans doute pas aimé l'histoire...
Didn't you like the story?

● Tu as plus de 25 bonnes réponses
More than 25 correct answers

➜ On peut dire que tu es un lecteur bilingue !
You really are "a dual reader"!

Table des matières / Table of contents

Achevé d'imprimer en France par France Quercy
N° d'imprimeur : 60531B